João Ubaldo Ribeiro

Wilson Coutinho

João Ubaldo Ribeiro

UM ESTILO DA SEDUÇÃO

Relume Dumará

© Copyright 2005, Wilson Coutinho
Direitos cedidos para esta edição à
EDITORA RELUME LTDA.
Rua Nova Jerusalém, 345 – Bonsucesso
CEP 21042-235 – Rio de Janeiro, RJ
Tel. (21)2564-6869 – Fax (21)2560-1183
www.relumedumara.com.br

A RELUME DUMARÁ É UMA EMPRESA EDIOURO PUBLICAÇÕES

Revisão
Antônio dos Prazeres

Editoração
Dilmo Milheiros

Capa
Simone Villas-Boas
Foto: Ana Branco
Agência O Globo (18/12/1996)

CIP-Brasil. Catalogação-na-fonte.
Sindicato Nacional dos Editores de Livros, RJ.

C898j	Coutinho, Wilson, 1947-2003
	João Ubaldo Ribeiro: um estilo da sedução / Wilson Coutinho. – Rio de Janeiro : Relume, 2005
	(Perfis ; 5)
	Inclui bibliografia
	ISBN 85-7316-410-7
	1. Ribeiro, João Ubaldo, 1941-. 2. Escritores brasileiros – Biografia. I. Título. II. Série.
05-1477	CDD 928.699
	CDU 929:821.134.3(81)

Todos os direitos reservados. A reprodução não-autorizada desta publicação, por qualquer meio, seja ela total ou parcial, constitui violação da Lei nº 5.988.

Para Susan, para sempre e por tudo,
teus olhos de piscina.
Para Ana, ali nas andanças em Veneza,
no Gueto e no Grande Canal,
com paradinhas na Fundação com o seu nome.

Isto aqui ôôo, é um pouquinho de Brasil, iá, iá

> Ary Barroso, "Isto aqui o que é?",
> na voz de João Gilberto

Também para Helena Severo e
em memória de Adalgisa Nery.

Agradecimentos

Este livro também vai agradecido para Portocarrero, Eva, Lúcia e Braga, presidentes do RioArte, para Maria Julia, Glória, Paulo Reis, Luisão, Carla, Kátia, Benício, Bojunga, Toninho, Zilio e Carminha, Sérgio Augusto, Loredano, Cony, Pompeu, Abirached, Joaquim, José Castello, Diter e Cláudia, Reynaldo, Ângelo, Idaló, Geraldinho, Matinas, Caio, Dapi, Liberati, Chico, os baianos Salomões, Antonio Manuel, Meireles e Lu, Leni, Bechara, Pio Borges e Ágata, Milton Coelho da Graça, Flávio e Vera Besouchet, Gullar, Paulo Fernandes, Nelson e Leila, Graça e Chico e muitos, muitos outros, gente que, com suas inteligências e estímulos (às vezes com o inconsciente e o tal do Id), ajudou na realização desta coleção e, principalmente, os autores que, com seus talentos tão previsíveis, fizeram estes livros desfrutarem de um sucesso tão inesperado.

Especialmente, em memória do escritor João Antônio, funcionário do RioArte.

Sumário

Estilos 11
Lugar
    Cidadão leblonense 12
    Hello, Jack! 21
Estilos 27
Infância/1
    Vamos chamar o tempo 28
Turismo
    Um dia em Itaparica 33
Infância/2
    Livros 37
Esporte
    Quarentinha, o canhão 45
Culinária
    Cântico ao arroz-de-hauçá 51
Culinária
    Homenagem com sabor soneto 58
    O ano de 1971 60

IDÉIAS
  Em nome do bem, em nome do mal
  Uma leitura de Sargento Getúlio 70
  O ano de 1984 82
ESTILOS 85
  Par lui-même 87
CULINÁRIA
  O banquete do Sargento 90
CULINÁRIA
  Prazeres da carne ou Como era gostoso
  o meu holandês 94
POLÍTICA
  Senhor Presidente 98
ESTILOS 106
  Resenha à moda Imprensa Moderna 108
DEPOIMENTO
  Geraldo Carneiro 112
ESTILOS 117
  Vestibulinho 119
DOCUMENTO
  Aviso aos navegantes 124
PSEUDOFINAL
  Obra em progresso 127
ESTILOS 128
  Bibliografia 129
O autor 131

Estilos

*O estilo, que é uma coisa rica,
talvez seja uma forma de Carnaval*

"...Então o certão virará praia e a praia virará certão..."
Antonio Conselheiro, Os sertões, *Euclides da Cunha, 1902*

"– Se entrega, Corisco!
– Eu não me entrego, não!"
Glauber Rocha, Deus e o Diabo na terra do sol, *1964*

"...atira eu também atiro, ô minha lazarina, ô meu papo amarelo e um mandacuru de cabeça para cima eu vou morrer e nunca vou morrer e nunca vou morrer eu nunca vou morrer Amaro aaaaaaaaaaaaa aaaahhh e eeeeeeeeeeeeh aê aê aê aê aê eu nunca vou morrer Amaro e Luzi netena lua essas balas é como meu dedo longe e o lhelá Aea eu vejocaju e a águacor redonde vagar e sal gadaela éboa num vavoumor rernun caeusoeu, ai um boi de barro, aiumboi aiumboide barroaê aê aê aiumgara jauchei de barro e vidaeu sou eu vou e quem foi ai mi nhalaram jeiramur chaai ei e cumpro e faço e"
Final de Sargento Getúlio, *1971*

Cidadão leblonense

LUGAR

"O que significa o morar?"

Provavelmente Martin Heidegger, citado de memória

João Ubaldo Ribeiro não é um carioca nativo, mas para quem tem registro de nascimento lavrado nos cartórios do Rio de Janeiro isto não significa nada. Segundo consta, o último carioca de verdade foi visto construindo uma paliçada, perto do morro Cara de Cão, que quase nenhuma pessoa nascida na cidade, saberá direito em que lugar fica. E visto por um índio, guardando as tropas de Estácio de Sá, que fundou a cidade em 1565. Há um rio, o Carioca que navega, segundo dizem as placas surrealistas, debaixo do asfalto, no Cosme Velho e em Laranjeiras, e deságua, para descrédito de todos, no Flamengo. É um rio que ninguém vê. Há o Largo da Carioca, entulhado de gente, e mais ou menos visível, nos dias de trabalho no Centro. O carioca parece ser uma bela abstração sem muito fundamento, boa para ser discutida no Instituto de Filosofia do Largo de São Francisco.

Embora a Assembléia Legislativa ainda não tenha dado a João Ubaldo o título de cidadão honorário da cidade, projeto que, por dever cívico, deve ser aprovado, mas, talvez, enviado à votação por um vereador nascido em Minas Gerais ou no Rio Grande do Sul, o fato simples é que o escritor é natural da Bahia, da ilha de Itaparica. Há, porém, uma coisa que ninguém mais lhe tira: o título que ostenta, com orgulho, desde que veio morar por lá há seis anos, o de cidadão leblonense. Outorgado por ele mesmo, sem que ninguém pense o contrário. Seus domínios, porém, não são enormes. Seu território é algo um pouco menor do que o Principado de Mônaco, extensão que ia, em 1992, data de sua chegada ao local, da Praça General Osório até a Farmácia Piauí, a última trincheira para as curas imediatas da ressaca.

Desde que, em julho de 1994, foi internado no Pró-Cardíaco por causa de uma arritmia cardíaca tem diminuído bastante os seus domínios. Hoje ocupa menos que um quarteirão, terrenos ao redor de seu apartamento no quarto andar de um edifício na rua General Urquiza, alugado de outro carioca institucional, conterrâneo e companheiro de geração, o cantor e compositor Caetano Veloso.

Sua região é limitada à esquerda pelos restaurantes Flôr do Leblon e o Tio Sam, ambos na rua Dias Ferreira, locais que costuma almoçar aos domingos, por volta das 16h, com amigos íntimos, nenhum deles literato ou jornalista, como Carlinhos Judeu, um gerente de vendas e Toninho Plutônico, funcionário da Nuclebrás e, com sua terceira mulher, Berenice. À direita, sua fronteira pode se estender até a rua José Linhares, onde mora seu velho camarada de jovens rebeldias em Salvador nos anos 60, o teatrólogo gaúcho Luis Carlos Maciel. Nessa encruzilhada, há uma jóia rara da boêmia, essa sim, carioca: o Bar Bracarense, fundamental pé-sujo para quem gosta de um chope bem tirado e bolinhos de aipim com camarão, laureado esse ano com o prêmio de melhor quitute de toda a cidade.

Como os programas de TV sobre animais e a natureza, pode-se dizer que seu habitat é muito reduzido, por um defeito específico da espécie, principalmente para um determinismo da época, que associou espaço vital com locomoção em alta velocidade. Na zona sul motorizada, João Ubaldo, como muitos de sua raça em extinção, não sabe dirigir. No dizer dos locutores desses programas, a vantagem de quem habita esse perímetro ecológico do Leblon é a grande variedade de presas que existe no lugar, possibilitando a quase imobilidade do predador. De fato, a região é rica de farmácias, bancos, restaurantes, bares, pontos de jogo do bicho, loterias, cabines de telefone públicos e, o que é essencial, pontos de táxis ou a falta de escassez desses veículos, devido à grande quantidade deles, circulando pelo local.

Isso pode facilitar algumas variações como ir até a Academia Brasileira de Letras, no centro da cidade, local venerável, onde entrou em junho de 1994, ou visitar alguns amigos que moram em regiões um pouco distantes como Ipanema, a distância de um tiro que pode sair por mais de cinco reais no taxímetro. Antes de cair na "malha médica", como ele diz, devido ao problema cardíaco, até que se movimentava muito, mesmo restrito à área específica do Leblon.

Podia ser visto na antiga Plataforma, na rua Adalberto Ferreira, uma churrascaria barulhenta, então regida pelo maestro Antonio Carlos Jobim, um de seus amigos de copo, morto em 1994. Ou ia aos sábados a Cobal, perto dali, um mercado que faz desfilar, em seus balcões, uma vegetação verdes de legumes, arranjos de naturezas-mortas de tomates, alfaces variadas, cheiros-verdes, frutas e, sinal dos tempos neoliberiais, cogumelos importados. Há peixarias, açougues e botequins.

A turma de João Ubaldo, um grande arco da sociedade formado pelo arquiteto Paulo Casé, os atores Antonio Pedro, Hugo Carvana e José Lewgoy, o compositor e poeta Abel Silva, o escritor Eric Nepomuceno, Millôr Fernandes, o astrólogo Carlos Magno, o jornalista Marcio Moreira Alves, que às vezes traduz para os jornais, a profunda e sábia Ciência Política devaneada lá, aos goles da gelada cerveja Cerpa, os caricaturistas Chico e Jaguar, políticos, funcionários públicos, todos de mal com qualquer governo, que se reúnem num canto, num bar chamado Arataca, cuja culinária norte-nordestina é altamente apreciada, se regada com bom uísque, conversa jogada fora e soluções criativas para os enfermos males do mundo, jamais levadas a sério por qualquer governante.

O lugar teve seu ápice ainda em vida de Tom Jobim, *habitué* tradicional, com seu chapéu e charuto. Paulo Casé, o criador de um problema ou de uma polêmica ao erguer um obelisco em Ipanema, popularmente chamado de "pirocão", é o tipo de arquiteto, que, botando os pés no estrangeiro, procura logo o principal mercado do lugar, apreciador que é das relações entre prédio, troca de mercadorias e calor humano. Pode até fazer uma crítica técnica à construção, guarnecida por um teto de amianto, térmico demais para os calores do Rio. Elogia, porém, a sociabilidade do local, onde sendo conhecido na praça, pode-se comprar em várias lojinhas, utilizando apenas um cheque, entregue a um só comerciante, que distribui, depois, o que foi gasto aos outros concorrentes.

Depois da morte de Tom, segundo Paulo Casé, o lugar ficou um pouco borocochô, com um certo fumo do luto em seu balcão, como o velho Antonio's, que vendo a sua clientela ir sendo enterrada, foi fechando, devagar, as suas portas. É que depois que o compositor se foi, o Arataca adquiriu ares de santuário, botando uma placa verde, onde está escrito: "Nosso Espaço Tom Jobim-Dico, Ontem, Hoje, Sempre". O pior, para o arquiteto, são as fotos dos jornais, exibindo um Tom sorridente, além do peso triste de uma manchete de *O Dia* – "Um Sábado sem graça na Cobal", reportagem feita logo após a morte do compositor. É chato, diz o arquiteto. A morte não pode bater na porta mais de uma vez. Quem não vai se lembrar, com gratas lembranças, a comemoração dos 50 anos de João Ubaldo, sob o comando do maestro, com bolo, velinhas e balões soprados em camisinhas-de-vênus? A foto, não. Só lembra a "indesejada das gentes".

Foi o jornalista Tarso de Castro, também já falecido, que o levou para Leblon, depois que escritor veio para o Rio e não podia ficar em Itaparica. Os dois filhos que tem do seu terceiro casamento com Berenice, Bento e Chica (dos outros dois casamentos, o romancista tem mais dois), precisavam de uma escolarização mais adequada, serviço pouco raro na ilha baiana. Com Tarso, se enturmou e conheceu o Antonio's, lugar que depois de um porre infernal com Tom Jobim, escreveu – diz que é apenas um esboço – um livro sobre política, que alcançou sucesso.

Assim que os médicos lhe interditaram o álcool, os bares foram ficando mais ou menos como miragens – e o escritor faz esforço para evitar que elas se tornem realidade. Ainda toma chopinhos aos domingos, diz. Foi, contudo, um excepcional copo. Já arregalou os olhos do editor Sérgio Lacerda, outro amigo na lista dos obituários, abatendo, em pouco tempo, um litro de uísque (White Label, o seu preferido. Na falta, Black and White e Johnny Walker, rótulo vermelho) e levantando-se para ir embora de tal forma bem aprumado, que era como se tivesse saído de uma torneira de uma estação de águas. Numa

Copa do Mundo que cobriu, os jogos poderiam ser enjoados, mas junto com o colunista Zózimo do Amaral, entornava galões e galões de malte escocês, sem que isso interferisse na apreciação crítica do péssimo futebol jogado nos estádios.

Antes do golpe da arritmia, João Ubaldo cumpria um rigoroso horário. Acordava às quatro da manhã, dava uma volta até o jornaleiro, escrevia até as 11 horas, descia e tomava um uísquinho, com seu amigo e jornalista Anderson, almoçava, tirava a sesta e continuava a trabalhar durante a noite. O ritual foi interrompido pela tal da "malha médica". Como se estivesse pousando para o óleo "A lição de anatomia", de Rembrandt, uma junta médica pousou-lhe em cima. Foi proibido de beber e de fumar, ele que aspirava três maços de cigarros de alcatrão forte por dia. O álcool, amável companheiro das correções dos seus textos ao fim do dia, foi considerado inimigo mortal. A malha médica funcionou assim. Parando de fumar, engordou. Engordando, voltou a ter outros tipos de problema. Para suportar os sofrimentos da abstinência, psiquiatras lhe receitavam calmantes, que, parece, tinham a tendência de avacalhar os calmos horários de seus dias. "Uma droga", diz o escritor. "É bom que ele pare mesmo de beber", aconselha o amigo Luis Carlos Maciel.

O alcoolismo, que tem o funesto dom de acompanhar as musas dos poetas, fez o ar de sua péssima graça. Corajoso, o escritor já disse que sofre da doença em entrevistas para a imprensa e para a TV, o que para um bom bebedor, basta. E luta para se curar. O fato é que o álcool tem machucado a sua saúde, mas não o seu talento e produtividade. Continua a escrever maravilhosas crônicas, publicou um grosso romance de 323 páginas, *O feitiço da ilha do Pavão*. Esse ano, um livro de suas crônicas, *Arte e ciência de roubar galinhas,* está nas livrarias e escreve *A casa dos budas ditosos,* da série Plenos Pecados, coleção que aborda os sete pecados capitais, tendo-lhe sido destinado a luxúria. Logo ela. João Ubaldo pertence, como se sabe, à distinta confraria acadêmica, da qual faz parte Arnaldo Niskier, Aquele Que Não Broxa Eternamente, o Imortal do Pau Duro Para Sempre, Moçada!

Mas o Niskier é uma lenda. O artista plástico Cildo Meireles, um tricolor, amante do esporte bretão, jura que é culpa dele a posição de ponta-esquerda recuado. É que quando garoto Niskier jogava melhor que Zagalo, os dois estudando no mesmo colégio na Tijuca. O padre, dublê de técnico, não querendo barrar o futuro tetracampeão no meio-de-campo, lugar do imbrochável Niskier, o deslocou para a ponta. Deu no que deu.

"Não sou alcoólatra de filme, que cai na sarjeta e bate na mulher", costuma dizer o escritor sobre a sua dependência. É óbvio que não é. As musas é que, às vezes, gostam de má companhia e entraram no séquito do poeta Vinicius de Morais e Paulo Mendes Campos, do escritor Scott Fitzgerald e de Ernest Hemingway, este vivendo sempre três doses acima da Humanidade.

Além de tudo, João Ubaldo pertence à geração experimental de Salvador, cuja liderança pertencia ao cineasta Glauber Rocha, padrinho de seu casamento com Berenice, que se não tivesse morrido em 1981, estaria agora com 59 anos, dois a mais que o escritor. Luis Carlos Maciel, que morou em Salvador na época, recorda de um Glauber açulando todo mundo a ser artista, confiante de que sairia de lá o maior movimento cultural do país. Saiu Glauber, Caetano Veloso, nascido em 1942, Gilberto Gil, de mesma idade, Maria Bethânia, de 1946, Gal Costa, de 1945, João Ubaldo, de 1941. João Gilberto, com 67anos, já havia desembarcado no Rio e feito história com a bossa-nova. "O Glauber vivia cobrando do João Ubaldo o romance que tinha de escrever", lembra Maciel. O próprio João Ubaldo, influenciado pela cultura anglo-saxônica, leitor de James Joyce, era chamado pelo cineasta de "O Hemingway da Bahia".

Foi o cineasta, por exemplo, que convenceu o romancista Flavio Moreira da Costa a interceder junto aos editores do Rio para a publicação do primeiro romance de João Ubaldo. Glauber, de um lado e ele, de outro, dominando a imprensa cultural de Salvador, ficavam instigando novidades, responsáveis pela presença da arquiteta Lina Bo Bardi, autora do Museu de Arte de São Paulo (Masp), na cidade, onde reformou, de forma impecável, o atual Museu de Arte Contemporânea da Bahia.

Jornalismo foi a sua primeira profissão, atalho que muitos se perdem quando desejam ser romancistas. Cobria o porto. Na época, os editores enviavam repórteres para o cais, a fim de ver se chegava alguma personalidade, digna de uma matéria. Sua primeira reportagem cultural foi quase ao acaso, ao entrevistar no principal hotel da cidade o célebre escritor Aldous Huxley, famoso autor de *Contraponto*. Ainda morejou muito nas "pretinhas", como diziam os jornalistas sobre escrever nas agora pré-históricas máquinas de escrever, labutando até chegar a editor.

Hoje é um escritor profissional, traduzido em mais de 16 línguas. Na Nova Fronteira, sua editora, depois do dicionário do Aurélio, é o escritor que mais vende, sendo tratado como um astro. Infelizmente, não está rico. Vive as agruras econômicas da classe média, a calculadora na mão e as contas do supermercado na outra. Ainda batalha pela casa própria, tentando comprar o apartamento de Caetano Veloso. No depoimento à jornalista Lu Lacerda no livro *Tudo que eu já fiz por dinheiro*, diz que é um pobretão, sempre enrolado quando o assunto se trata do vil metal, e solta uma das suas: "Se eu fosse prostituto e a pessoa me dissesse 'pago mil dólares por um serviço completo', eu, apesar disso, ia dizer: 'Cem tá bom, não se preocupa, não'."

Numa frase que se tornou célebre, disse que não tem cara de escritor. Baixo, um pouco gordinho, um sorriso que o deixa com os olhos fechadinhos. Mas quem tem? Numa séria pesquisa, só um brasileiro parece ter tido a cara, o espírito e a alma de escritor, o sergipano Gilberto Amado (1887-1969) que dizia que quando chegava à praia de Copacabana, para um simples mergulho, humilde o oceano Atlântico recuava.

Cronista do Rio, João Ubaldo fez daquele seu pedaço no Leblon algo tão mítico, que é impossível localizar aquele lugar do Rio sem a presença dele, sem o seu toque de graça e sem os personagens que criou. Diz que fará um livro sobre o Rio. E ele, que começa a escrever seus romances, lançando primeiro o título na tela do computador, já tem um – "Noites leblonenses". Diz que mora no Rio porque foi seduzido pela cidade, até Escola de Samba o procurou para ser enredo.

João Ubaldo é que é um sedutor. Um estilista nisso – como é em suas ficções. O Rio, cidade que não pertence a ninguém já é dele, baía de todas as pessoas e de todos os santos.

Hello, Jack!

> Flaubert – minha Penélope
> *Ezra Pound*

A voz na secretária eletrônica identifica, de forma melodiosa, o escritor. É um sotaque que segue quase o gorjeio de um barítono. Quando o próprio João Ubaldo Ribeiro traduz suas palavras para o inglês, o palco é outro. Imagine Sir Laurence Olivier (1907-1989) dizendo *to be or not to be*? É muito melhor e soa até mais inglês.

Traduz, nada. É inglês natural, cristalino. Pode-se dizer que é proeza. É claro que outros escritores escreviam, falavam e traduziam em inglês ou francês. Em seu tempo, a prosa portuguesa de Joaquim Nabuco, o autor de *Um estadista no Império* e *Minha formação* foi considerada, por impiedosos críticos, como afrancesada, tal o domínio que o escritor possuía dessa língua. E Machado de Assis quase é escorraçado da literatura brasileira por escrever, alegavam os detratores, tal os habitantes cultos da "pérfida Albion". O romancista irlandês e vigário Laurence Sterne (1713-1768) foi uma sombra chateando o Bruxo do Cosme Velho.

Acontece que João Ubaldo Ribeiro escreve uma literatura que não tem uma vírgula que não seja brasileira (caso pouco sério, mas ele continua garantindo que não é muito bom no ponto-e-vírgula), mas não deixou – motivo, aliás, de muito orgulho – que dois de seus livros, *Sargento Getúlio* e *Viva o povo brasileiro*, caíssem em mãos alheias. Ele mesmo arregaçou as mangas – e traduziu.

Às vezes, pode-se ficar pensando que se ele não tivesse nascido em Itaparica, conhecido Glauber Rocha, embebido seu espírito nas fontes do sofrido povo baiano, seria igual ao polonês Joseph Conrad, um estilista da língua de Shakespeare.

Imagine, ainda, se João Ubaldo Ribeiro fosse um menino metido à besta, empolgado muito mais com as listras da gravata de Eton – um colégio aristocrático britânico fundado em 1440 – do que o chão, as areias de conchas quebradas, as matas, o sol, as pescarias, o céu, as marés, altas e baixas, de sua ilha, a maior ilha marítima do Brasil, porque Marajó é fluvial? Mas, olhe como ele se veste: bermudas, sandália japonesa (agora, diz ele, usa umas sapatilhas), e pronto, lá está o romancista batendo um longo papo com o jornaleiro de sua rua, no Leblon. Eton, Harvard, Cambridge? Esqueça. Pode ser sobre o preço do pão, a política, ou sobre as coxas de uma mulata, desfilando na esquina, a pele ainda eriçada pelo frio ar matutino.

João Ubaldo Ribeiro já sugeriu que até podia ser um Conrad. É que o Brasil – o povo brasileiro e sua múltipla língua – não deixou. E o artista é o que é: tradutor em inglês de seus próprios textos e criador nas ramificações da língua brasileira, flor do Lácio, macerada com outras magníficas florações: negras, índias, italianas, portuguesas, baianas, gaúchas, pantaneiras e cariocas, além de outras, muitas outras.

É um estilista desse mundo verbal, e parece que basta. Seria até neurose dominar tanto uma língua estrangeira. O escritor não vive dela. Não é profissional da tradução. Nem está bebericando uísque nas festas itamaratianas, criando coreografias no salão diplomático, onde é preciso inglesar o sotaque. Mas há uma dica para quem gosta de estudar as profundezas do trauma e as relações prélógicas com a linguagem. Quando morava em Aracaju, o pai, severíssimo em coisas de estudo, mandou-o para uma escola aristocrática, o Colégio Sofia Costa Filho.

Época de educação formal rígida, os meninos iam ao educandário grã-fino de calça curta, gravata e paletó. A meninada mais livre já desafiava os alfaiates e os pais, demandando calças compridas, buço nos lábios e saltar do bonde andando, com um giro de corpo, que era sinal de maturidade, malandragem e autodisciplina interior. Nada disso aconteceu com o nosso pobre futuro escritor. Sentiu-se humilhado na escola rica, "alvo de curiosidade e brincadeiras".

– Foi nesse ambiente que li um texto em inglês enrolando-me todo nos erres. Foi um trauma – diz.

Terrível mortificação. A professora começou a rir dele. A classe fez coro.

– Uma experiência tenebrosa – afirma.

A vingança vem a cavalo. Ou vem por ensimesmar-se com livros na biblioteca. Foi o que fez o menino João. Trancou-se no quarto de casa para estudar a maldita língua, que lhe fizera passar a vergonha dos erres desnecessários. Decorava, segundo ele, cinqüenta palavras por dia, de maneira compulsiva, quase chegando às raias da loucura. Comprava livros de bolso, ia a esmo, sem qualquer orientação, com a ira dos dicionários na ponta da língua, dando-lhe o significado das palavras incompreendidas e incertas.

A professora parou de achar graça do garoto, vindo da ilha de Itaparica. Já de volta a Salvador, o pai, o jurista Manoel Ribeiro, impregnou-se pela moda modernista de morar nos primeiros prédios de apartamentos, erguidos na capital. Adeus casarões e fresca nas varandas. Agora, era apartamento.

Os vizinhos pertenciam, em sua maioria, a famílias de técnicos americanos de petróleo, já habituados em habitarem àquela arquitetura vertical. Os filhos ficaram amigos do futuro romancista, mas como outrora ele tropeçara nos erres a garotada ianque foi derrubada na hora de pronunciar o seu nome. Aos 12 anos, o domínio do inglês era quase completo, mas a meninada americana ficava perdida com o João. Aí, para simplificar, o cumprimentavam com um alegre "Hello, Jack!".

– Ao chegar em casa tinha até preguiça de falar português. Foi assim que aprendi – conta.

Os amigos confirmam sua outra vocação com a língua inglesa servindo de base para formidáveis e inesquecíveis performances: a imitação. O teatrólogo Luis Carlos Maciel, amigo dos tempos de Salvador nos anos 60 e que continua seu companheiro até hoje, confirma as habilidades do escritor nessa difícil arte:

– Ele é capaz de imitar um milionário texano, um jeca do Arkansas, o sotaque *cockney*, de Londres, qualquer um.

Baiano que não segue o candomblé – embora escreva em seus livros sobre possessões do espírito –, João Ubaldo Ribeiro "incorpora" outras vozes. Para muitos amigos, imitando Frank Sinatra, a cópia poderia ser tratada como original. Há alguns que preferem sua "atuação" no papel do ator Richard Burton, voz poderosa, cuja uma única sílaba dita pelo astro poderia ser ouvida no último lugar dos teatros. Outros o preferem em "Conceição", trinados clássicos entoados por Cauby Peixoto, e os mais políticos rolam de rir quando ele entra na pele do senador Antonio Carlos Magalhães. Outros, ainda dizem: "não perca o *seu* Dorival Caymmi". Parece, porém, que entre essas performances todas há uma unanimidade.

– Ele é perfeito imitando Louis Armstrong – confirma Luis Carlos Maciel. Os amigos acham que é qualquer coisa de antológico.

Além disso, o escritor serve de "cavalo" para personagens que inventa, para a alegria e assombro de seus companheiros de boêmia. Um dos mais famosos que "incorpora" é o coronel inglês J. P. Bloodsworth, racista, malhumorado e reacionário, só capaz de gostar um pouquinho dos alemães, por causa da família real inglesa, cujos traços de parentesco com a nobreza alemã são antigos. "*Because,* diz o afetado coronel, *of the relationship between the royal families. We are cousins.*" Tudo indica que o fantasma do coronel emigrou no corpo e na voz de João Ubaldo Ribeiro quando o escritor passava uma temporada, em 1990, na Alemanha, o que talvez explique o convicto preconceito racial do militar.

Estando uma vez, numa cidadezinha alemã, bebericando uma cerveja com o poeta Haroldo de Campos, o coronel "encarnou" ao se deparar que era servido por um garçom negro. Como conta o jornalista Carlos Maranhão, que entrevistou o escritor quando este morava em Berlim, o coronel Bloodsworth ao ver o negro levantou-se da mesa, com o corpo trêmulo, gritando aos berros: "*Oh, my God, no! In the hearth of Germany... I refuse to seat here.*" O poeta e o romancista tiveram que beber em outro lugar. Mais tarde, Haroldo enviou-lhe uma antologia de poetas russos, que traduzira. Bloodsworth "baixou" outra vez. Escreveu, com virulência, para o tradutor: "*Why did you send those Bolsheviks to me?*"

Perdulário na sedução, dissipador de grandes alegrias boêmias, João Ubaldo Ribeiro parece, por modéstia, fazer tudo para economizar a sua conhecida e famosa erudição. Não gosta de mostrá-la com vergonha, talvez, de ser chamado de baiano com gravata de Eton. Ou, talvez, porque ache chato mesmo. Daí, o seu horror pelos "brasilianistas" e suas lengalengas sobre a literatura brasileira, gente encontrável em festinhas pseudo-intelectuais, carregadas de uísque, com pedras de gelo do tédio, boiando nas conversas.

Mas se quiser saber a última da biologia, o escritor sabe. Uma discussão sobre os poetas metafísicos ingleses, deixa com ele. Homero. De cabeceira. Mas vá conversar com o romancista demonstrando Academia sobre o bardo grego, batalhas cruéis, nomes obscuros, que estão nos dicionários de literatura clássica.

Ele é bem capaz de dizer:

– A *Odisséia?* Mistura de dialetos iônio e eólio da costa da Ásia Menor. Uma besteira. Afinal, trata-se de uma epopéia de 24 cantos, classificados por Aristarcos de Samotrácia, o fundador da erudição científica, e sai uma porrada danada por causa de Penelôpeia.

Em outras épocas, quando o escritor podia beber, era melhor pedir:

– Que tal, Jack, mais uma dose de White Label? Garçom, com duas pedrinhas!

Estilos

"Além, muito além daquela serra, que ainda azula no horizonte, nasceu Iracema. Iracema, a virgem dos lábios de mel, que tinha os cabelos mais negros que a asa da graúna e mais longos que seu talhe de palmeira.
O favo da jati não era doce como seu sorriso, nem a baunilha recendia no bosque como seu hálito perfumado. Mais rápida que a ema selvagem, a morena virgem corria as matas do Ipu, onde campeava sua guerreira tribo, da grande nação tabajara. O pé grácil e nu, mal roçando, alisava apenas a verde pelúcia que vestia a terra com as primeiras águas."

José de Alencar, Iracema, lenda do Ceará, *1865*

"No portão da estacada a que chegaram algum tempo depois, uma espécie de portinhola se abriu e um mulato pôs o rosto nela e fez uma pergunta na língua deles. Devia estar querendo saber quem eram os estranhos, se tinham sido convocados ou aprisionados. Demorou nas perguntas, fez comentários, olhou para Balduino longamente, como se estivesse vendo uma coisa muito exótica.
– Tu é índio – disse finalmente, e Balduino assentiu com a cabeça – E por que tá no mato vestido de roupa de gente?"

João Ubaldo Ribeiro, O feitiço da ilha do Pavão, *1997*

Vamos chamar o tempo

INFÂNCIA/1

> "Vamos chamar o vento, vamos chamar o vento"
>
> *Só na voz de Dorival Caymmi*, "Vamos chamar o vento", Caymmi, 1947

Era verão em Itaparica.

Pode-se imaginar a chusma de turistas, vindos de Salvador, abanando-se à porta do hotel, cujo estilo *art déco* não caía mal com a vizinha austeridade do Forte de São Lourenço, rígida e bela construção da época dos portugueses. Conforme a maré, podia-se ver as crianças nadando na praia, que ficava em frente ao hotel, ou agachadas na areia úmida, catando sobras, deixadas pelo mar. Mariscos, conchas, pedrinhas. Às vezes, ficava retido nas areias um tipo de molusco estranho, que era levado, com curiosidade, até os pais. Outras crianças faziam castelos, que as ondas vinham, com delicadeza, desmanchar. Algumas corriam, gritando. Outras chutavam uma bola. Tinham calções grandes, as peles amorenadas, salgadas já, mostrando, no corpo, as vivas doçuras das férias escolares. Como era possível ser tão feliz!

Os homens, esquecidos dos negócios, perambulavam nas ruas estreitas da vila. Podiam estar vestidos de terno de panamá branco, o chapéu da mesma cor e tecido, útil para afastar os rigores do sol. Não seria absurdo imaginar que usavam óculos escuros. Afinal, desde 1885, uma tintura escura nas lentes havia escurecido o vidro daquele objeto. E, a partir da década de 30, as famosas estrelas de Hollywood o usavam com aquela tonalidade, como um detalhe da moda. É certo que o general McCarthy, o famoso herói norte-americano da guerra das Filipinas, não tinha ainda transformado o *ray-ban* num *design* guerreiro e épico, uma mistura de *playboy* com machismo de granadas na mão. Mas, alguns daqueles ricos senhores em veraneio na ilha de Itaparica bem poderiam estar contemplando a fímbria da barra através do amortecimento e encanto de uma leve obscuridade.

As mulheres ricas poderiam estar vestidas muito mais descontraídas do que duas décadas atrás. A palavra *short* ainda não se vulgarizara, embora desde a década de 20 a francesa Coco Chanel já inventara a "calça de iatismo", moldando as pernas femininas para o informalismo da praia e do lazer. E, em 1938, para as mais sofisticadas, já era famoso o "traje de balneário", que uma beldade da época, uma jovem francesa, pretendente à escritora, uma tal de Simone de Beauvoir, andara vestindo numa cidadezinha elegante à beira-mar. Tratava-se de um conjunto, formado de um *short,* de tonalidade areia e uma blusinha, de mangas curtas, arrematada por uma gola de marinheiro, assinada por uma certa grife chamada Hermès. Se uma mulher fosse totalmente independente podia até estar fumando, o cigarro na ponta da longa piteira, como nos filmes. É claro que não custa imaginar os homens, antes de acenderem os seus cigarros, darem pancadas com a ponta deles nas superfícies das cigarreiras prateadas.

Muitos deles usavam grossos anéis. Às vezes, o brilho do sol forte luzia nos dedos, anelados com puro ouro de lei.

O chato era a maldita guerra na Europa, que evitava as pessoas irem a Paris para saberem mais da moda, dos bons costumes, da cultura. E aquelas pobres inglesas, por causa dos bombardeios sobre Londres, diante das necessidades da época, a inventarem umas roupas simples, que diziam que era moda. Não era. Não podia ser.

Quem tinha casa no Centro, o lugar mais agitado da ilha, não andava muito para chegar ao mercado. Não era uma construção tão repimpada como o erguido em Salvador, mas tinha lá o seu charme. Os peixes apresentavam guelras vermelhas. Muitos, ainda vivos, estremeciam em contorções de ondas prateadas nas cestas trançadas com cipó, já sujas de algas. Legumes. Pimentas. Cheiro de dendê. No Largo da Quitanda, um retângulo que se queria urbanístico, sombreado por uma dúzia de amendoeiras e oitizeiras, domésticos negros iam buscar garrafões da água mineral, um pouco mais distante, na Fonte da Bica, néctar e provisão para a boa saúde, na qual um poeta do lugar exaltara as qualidades excepcionais.

Não custa nada colocar no horizonte as velas estufadas de jangadas, um arrastão no canto direito da praia, um barco, de casco azulado, aportando, crianças negras e mulatas, quase despidas, correndo pelas ruas estreitas, algum pregão, quase dançante, de um vendedor mulato, doce de ginga e de voz, virando a rua Brigadeiro Lima, na qual uma das casas parecia enfrentar, com destemida coragem, os canhões seiscentistas do Forte de São Lourenço.

Agora, se o leitor gosta de cinema, pode dar o que se chama um corte. Volte ao movimentado Hotel. Feche o plano. Vá até o teto. Faz de conta como no cinema, que range um ventilador de madeira e uma luz, um claro-escuro invade o ambiente enfumaçado, apinhado de casais. Desça até um par de sapatos masculino bicolor, marrom e branco, de couro da Rússia, popular nos anos 20, mas resistente até aquela época, aos confrontos do gosto. Depois, para umas calças de linho cor de areia, bem vincadas, leve como a cambraia. As mãos, o jornal.

As notícias poderiam não ser agradáveis. O Eixo Berlim-Roma dominava as manchetes, com a invasão da Alemanha nazista na Europa do Leste e na África do Norte. Na Grã-Bretanha, o chanceler Winston Churchill pedia esforços para que o país não perdesse a guerra. Quatro milhões de homens foram mobilizados, com o apoio dos Estados Unidos, que enviaram navios e aviões. Na Romênia, a temível Guarda de Ferro fascista ocupava os edifícios militares e a base naval de Bucareste, a capital do país. O general Antonescu era o novo ministro do Interior, apoiado pelo Exército, o que reforçava a ditadura.

Um temor. A marinha britânica capturava o navio francês Mendonza, que navegava em águas territoriais brasileiras. O governo de Vichy, da França colaboracionista, protestou. Podia-se olhar a Ilha do Medo, em frente à praia, e pensar se submarinos alemães iriam desembarcar ali os truculentos boches. Para os habitantes de Itaparica, a sua ilhota próxima guardava esse nome em prol de uma história antiga, quando temia-se o desembarque de holandeses e, com a Independência do Brasil, de soldados portugueses, que vinham massacrar os homens e deflorar as mulheres de sua vila.

Ah, cultura. O escritor austríaco Stefan Zweig, judeu, exilado no país, morando em Petrópolis, iria visitar os Estados Unidos. Devia ser porque o país do Norte, como tudo estava indicando, iria entrar na guerra. Aqui, o presidente Getúlio Vargas criava por decreto o Ministério da

Aeronáutica, o primeiro da América do Sul, para alegria do czar da imprensa nacional, Assis Chateaubriand, que já imaginava espetaculares *shows* aéreos, aeroclubes espalhados por toda a nação. Muito bem.

Mas está-se na ditadura do Estado Novo. Teme-se pensar alto.

Perto dali, na casa dos Ribeiros, porém, a alegria é imensa. Nasceu um menino.

É 23 de janeiro de 1941. O rebento terá o nome de João Ubaldo Osório Pimentel Ribeiro.

Diz-se que, nesse dia, nevou em Berlim. Mas o que é um pouco de neve num país tão distante, se mais um menino João poderá correr, livre, nas areias úmidas de Itaparica?

Foi, de fato, um verão maravilhoso, aquele de 41.

TURISMO

Um dia em Itaparica

"Se vai viajar, carregue pouca bagagem",
*conselho do filósofo Wittgenstein aos jovens,
que como tudo que ele disse e escreveu deve
ser interpretado de várias maneiras*

O viajante deve pegar o *ferryboat,* depois de passar por uma série de prédios que, parece, pertenciam ao antigo cais. Como veio de táxi, conversando com o motorista, que, aliás, é o que é de mais natural em Salvador, perdeu a precisão para explicar direito como se chega até o lugar onde se apanha o moderno barco, que o levará até a ilha de Itaparica. Viu uma igreja, talvez a quinta ou a décima, em que escuta a abismal história que o sacro edifício ficou anos fechado por causa de um crime escandaloso de um padre, no dia do casamento de sua amante. Ou é mais ou menos assim.

Se veio da região Sul do país, embutiu que tem a crença calvinista, que tudo funciona no horário. É claro que o táxi chegou atrasado e a barca está prestes a ir embora. A outra só daqui a horas, o que estragaria o passeio. O viajante do Sul então sai correndo, compra as passagens com o coração nas mãos e parte em alta velocidade em direção à entrada, temeroso de ficar preso na roleta. Com preconceito, acha que na Bahia nada funciona direito. Para espanto, tudo funciona perfeitamente. Inclusive a sensatez do cobrador baiano.

– Não precisa correr não, moço, que a barca espera – diz.

Tanto é verdade, que chegando em cima da hora fica tempos sentado confortavelmente lendo panfletos turísticos e esperando o *ferry* partir. A viagem demora 40 minutos, mas o barco não pára no centro de Itaparica. Até lá demora-se um bom tempo. Convém ao viajante entrar em acordo com o motorista de táxi para apanhá-lo em determinada hora, coisa suspeita em se tratando de horários na Bahia, mas funciona se o taxista é "seu" Serrinha, 58 anos, 35 de ilha, que ao ouvir o nome de João Ubaldo Ribeiro se derrete todo, cobra o preço justo e informa sobre pássaros, árvores e bichos, enquanto seu carro vai pulando sobre uma estrada lá não muita boa. Fala dos franceses, não os do séculos passados, que, eventualmente, podem aparecer nos romances do filho mais famoso do lugar, esgueirando-se na ilha do Medo, que aliás está lá. Os franceses são os do Club Med, que instalaram um dos seus *resort* num dos cantos de Itaparica.

Pare na Fonte da Bica, leia o poema gravado nos azulejos, refresque o pescoço e beba uns goles e depois vá ao centro da cidade. Todos informam onde fica a casa do escritor, simples, perto de uma pracinha, com uma árvore esparramando-se para além dos seus muros. Visite o forte de São Lourenço, sólida construção, cujo arquiteto deve ter sido um militar lusitano. Há uma igreja muito bonita também, caiada de branco. De longe, espie o palacete mais luxuoso da região, que fica mais ou menos à beira-mar, porque quando a maré vai ficando baixa mais distante ele fica da orla marítima.

Se o viajante já leu os livros do escritor, uma boa pedida é ir ao Largo da Quitanda sentar-se em dos seus inúmeros bares, pedir uma cerveja e ficar um pouco delirando com narrativas passadas na ilha, contadas pelo escritor. Sinta o barulho das guerras, o batuque das macumbas, olhe as areias e siga as pegadas do holandês que foi comido pelo caboco Capiroba ou veja onde deve ter sido jogada a truculenta partida de futebol do conto "Já podeis da Pátria Filhos". Pergunte aos ilhéus onde o escritor escrevia, se sentava e bebericava. Os lugares não vão variar muito. Matematicamente esse recanto é pequeno. Tem apenas, contando nos dedos, seis árvores, que parecem aumentadas pela boa sombra que dão. Olhe o Espaço Cultural Caras e Bocas, o C e B, copiando os da Coca-Cola.

Visite o Centro Artesanal de Itaparica, vá ao Bar da Espanha, na rua da Igreja, em frente a uma castanheira, para apreciar os seus farmacêuticos armários de madeira negra. Passe no Bar do Boré, um sobradinho de um amarelo vivo, que, para alguns habitantes, era o local que o escritor arrematava suas histórias e crônicas. No Restaurante de cor lilás, chamado Sabor Tropical, de cardápio curto, comia-se em 16 de dezembro de 1996, no Ano da Graça do Real, um peixe por seis reais, um frango por cinco, pitinga por quatro, carne-de-sol cinco e moqueca com o mesmo preço. Pagava-se por cada bola de sorvete 50 centavos.

Dê uma volta pela cidade. Lamente porque o Hotel está fechado, com alguns vidros partidos. Dizem que vão novamente abri-lo. Talvez quando o jogo voltar. Conversando com alguns ilhéus, o viajante percebe o quanto a população pobre admira e ama o seu escritor. Escute "seu" Chepa pedir "mande ele voltar para Itaparica, que aqui tá um atraso". Retorne com o pontual Serrinha. Não volte para Salvador por *ferry*. Venha na barcaça popular, que demora mais de uma hora, é o que acha o turista. Mas está cheia de gente bonita, todas parecem que saídas dos velhos romances de Jorge Amado. Tenha bastante tempo para lamber os sorvetes de frutas tropicais. Deslumbre a Baía de Todos os Santos. Dormite um pouco e chegue cansado em São Salvador. Só uma coisa intriga: o que faz aquela escultura de Baco, gordinho, segurando um cacho de uvas numa praça de Itaparica?

INFÂNCIA/2

Livros

"O livro caindo na alma
É germe que faz a palma.
É chuva que faz o mar"

Castro Alves

Meses depois a família Ribeiro mudava-se de Itaparica para Aracaju, onde o pai, o dr. Manoel, iria começar sua carreira de político, professor, comprador voraz de livros e disciplinador implacável. É por isso que João Ubaldo Ribeiro costuma se achar um baiano um pouco atípico, marcado por um não-sei-o-quê de Sergipe, lugar que viveu até os 11 anos. Diante do que se chama de baiano tradicional com o seu jeitão, a malemolência, uma certa moleza, o romancista parece até um estóico. Diz que não entende de macumba e outras disciplinas afins da religião afro-brasileira, o que é raro para o cultivo da "baianice", esse estado de ser, quase impenetrável, para quem não é de lá. "João Ubaldo não suporta que façam folclore dele", afirma o seu editor, Sebastião Lacerda. O que é verdade. É só perguntar para todos os seus amigos.

Já ficou de mal com muito jornalista por causa disso. É aquela história. O editor envia o repórter e o fotógrafo sugerindo todos os estereótipos do que deva ser um escritor baiano de renome, e os dois se esforçam, ao máximo, para fazer jus às recomendações do chefe. Como trabalhou e trabalha na imprensa, é um dos homens de sucesso mais afável com os jornalistas, conhecendo o que é "fechar" uma matéria, buscar um depoimento, que, às vezes, até o repórter acha absurdo o motivo, fazer uma rápida entrevista por telefone, cujo resultado, pela pressa, sai, invariavelmente, truncado no outro dia. Como é do ramo, sabe que o leitor vai ler a notícia tal qual ela saiu, sem se perguntar como ela foi de fato feita. Já passou noites nas redações, ainda no tempo da máquina de escrever, e sabe que tem até leitor que adora o que foi publicado, telefonando, e achando o máximo.

Não é isso que chateia o escritor. O que lhe pode aborrecer é querer talhá-lo naquele folclore baiano do qual, acho, nem ele entende. Quando foi morar em Itaparica por apenas querer escrever e pelas condições econômicas que a vida lá lhe oferecia, pois não precisava pagar o aluguel da casa da rua Brigadeiro Farias, vivenda de veraneio da família, gastava pouco com telefone e a comida era mais barata, bastava querer transformá-lo num molde do ilhéu da "baianice", o bom selvagem do Bonfim, para o escritor ficar chateado. A infância passada em Aracaju também deve ter servido de contraponto, um dique, representando a anedótica moldura cunhada pelo tempo, aquela do que o que a Bahia tem, meu sinhô? Tem nada, não, minha sinhá.

Voltando. Enquanto o garoto João engatinhava pelo casarão em Aracaju, durante o ano de 1941, o dr. Ribeiro, homem aberto às novas tecnologias, tanto que foi o primeiro na cidade a comprar uma geladeira, "um impressionante armário branco que esfriava tudo", diria o filho mais tarde, e, também, precursor na área musical, pois logo que surgiram os *long-plays* no lar dos Ribeiros já existia a vitrola apropriada para receber as novas bolachas, pois bem, naquele ano de 41, o curioso dr. Ribeiro deve ter sabido que o primeiro avião a jato usando um motor inventado pelo engenheiro britânico Frank Whittle tinha, em maio, levantado vôo, em algum lugar da Inglaterra, fato que, depois da Segunda Guerra, inauguraria uma nova era.

Soube também naquele ano de uma coisa interessantíssima: afinal, calculava-se, com certa correção, a distância do Sol em relação à Terra: coisa de 148.808.000 quilômetros. Mas, enquanto mudavam-se as fraldas do bebê, algo muito importante o dr. Ribeiro não pôde saber – aliás, nem ele, nem a maioria dos terráqueos que viviam tão distante da bela estrela de quinta grandeza. Nos Estados Unidos, o presidente Roosevelt, em 6 de dezembro, assinava uma ordem ultra-secreta dando início ao "Projeto Manhattan". Dali sairia a bomba atômica.

Enfim, no ano em que o futuro romancista andava em cueiros dois fatos cruciais iriam marcar a era em que ele viveria como adulto. E, quem sabe, influindo no seu modo de ser – e até de escrever. Um, os aviões a jato. Dessa novidade João Ubaldo Ribeiro mais tarde iria cismar em ser um resoluto São Sebastião dos serviços a bordo. Um mártir daquela cápsula desconfortável, sujeito à arena sacrificante da classe econômica. Além do respeitável medo que ele tem se por acaso aquele tubo de aço resolva despencar, sem mando e controle – fato que lhe permite hoje escrever deliciosas e humoradas crônicas sobre suas viagens aéreas. O outro, é um terror que sombreia a existência de todos que nasceram após 41. Fato que deve ter imposto à sua personalidade e ao seu dom de escrever um humanismo radical. Além da natural angústia. É como se o calor fúnebre daquela estrela de quinta grandeza pudesse, de repente, estar próximo, dentro do seu bolso.

Mas ainda não era tempo dessas apreensões. No Carnaval daquele ano a ditadura varguista cismara tanto com os malandros cariocas que um dos sucessos, provavelmente escutado pela família Ribeiro em Aracaju, era uma exaltação ao trabalho, que o jornalista Sergio Augusto, no seu clássico sobre as chanchadas, "Este mundo é um pandeiro", chama de um samba maroto, "O bonde de São Januário", de Wilson Batista e Ataulfo Alves, que os foliões cantaram assim:

"Quem trabalha é quem tem razão
Eu digo, não tenho medo de errar.
O bonde de São Januário
Leva mais um operário
Sou eu que vou trabalhar.
Antigamente, eu não tinha juízo
Mas resolvi garantir meu futuro
Sou feliz, vivo muito bem.
A boêmia não dá camisa a ninguém
E digo bem."

O Carnaval se foi e veio o mundo. O primeiro ano de existência do escritor abria quase em silêncio uma nova época, mas demorava a fechar uma outra. Parece que, um pouco antes de junho, houve esse papo na chancelaria do *Führer,* em Berlim. Um certo Von Rundstedt, representando os generais do exército nazista, perguntou a Hitler:

– O senhor refletiu bem no que vai empreender na Rússia?

– Pesei tudo – respondeu o ditador, com calma.

– Não seria melhor destruir antes o coração do Império britânico no Oriente Médio? – indagou o general.

Olhos determinados de Hitler. Resposta:
— Não demos uma surra nos iugoslavos como eu previa? Tomaremos Moscou antes do inverno.

O fato é que, segundo os historiadores, Hitler fez uma burrice dos diabos, declarando guerra à União Soviética no dia 22 de junho e, deste modo, abrindo uma impensável, para os tarimbados generais alemães, segunda frente. E em 7 de dezembro os japoneses atacaram Pearl Harbor, base americana no Havaí. Os Estados Unidos, a maior potência do planeta, entrava em guerra contra o Eixo. Assim, no seu primeiro ano de idade, aconteceriam eventos técnicos, militares, políticos e científicos, que, mais tarde, seria o mundo em que viveria o escritor João Ubaldo Ribeiro.

Alto lá, pô! — berra o historiador da história *mineur*. E obrigará: "Não esqueça os livros! Os livros, as lombadas dos livros!" A respeito João Ubaldo Ribeiro já escreveu uma maravilhosa crônica, publicada em *Um brasileiro em Berlim,* com o título "Memórias de Livros", na qual sobressai a esplêndida e, talvez, tirânica personalidade de seu pai. Sem os livros e o dr. Ribeiro estaria de fato incompleto o perfil do escritor. Aprender a ler parece que foi moleza para ele. Talvez devido ao medo que o dr. Ribeiro impunha.

— Não sei bem como aprendi a ler. A circulação entre os livros era livre (tinha que ser, pensando bem, porque eles estavam pela casa toda, inclusive na cozinha e no banheiro), de maneira que eu convivia com eles todas as horas do dia, a ponto de passar tempos enormes com um deles aberto no colo, fingindo que estava lendo e, na verdade, se não me trai a vã memória, de certa forma lendo, porque quando havia figuras eu inventava as histórias que elas ilustravam e, ao olhar para as letras, tinha a sensação de que entendia nelas o que inventara. Segundo a crônica familiar, meu pai interpretava aquilo como uma grande sede de saber cruelmente insatisfeita e queria que eu aprendesse a ler já aos quatro anos, sendo demovido a muito custo por uma pedagoga amiga nossa. Mas depois que completei seis anos ele não agüentou, fez um discurso dizendo que eu conhecia todas as letras e agora era só questão de juntá-las e, além de tudo, ele não suportava mais ter um filho analfabeto – recordou João Ubaldo em "Memórias de livros".

A verdade é que o pai também sofria repressões, o que dá a entender que a batalha dos livros naquele casarão em Aracaju era tão violenta quanto foi a do Dia D. O avô do escritor achava as monografias do seu filho – temas jurídicos – uma merda, porque não admitia brochuras finas, exemplares que não se mantinham em pé, além de ninguém na casa entender o fervor ateísta de Guerra Junqueiro, o seu poeta favorito.

João Ubaldo recolhia-se à infinita biblioteca do pai e mergulhava em ondas e ondas de páginas.

– Um pouco febril às vezes, chegava a ler dois ou três livros num só dia, sem querer dormir e sem querer comer porque não me deixavam ler à mesa – e, pela primeira vez em muitas, minha mãe disse a meu pai que eu estava maluco, preocupação que até hoje volta e meia ela manifesta – conta.

Quando lia o dicionário Lello, o dr. Ribeiro podia ficar à beira de um ataque. Tinha de ser o Laudelino Freire. "Ele está cheirando os livros certos, mas lendo o dicionário errado, precisa de orientação" – dizia para quem quisesse ouvir. Alguns livros eram facilitados, outros proibidos. Mas numa sutil interdição mantida pelo dr. Ribeiro – obras como *Nossa vida sexual*, de Fritz Kahn – de tal modo que era inteiramente possível transgredir as proibições do dr. Ribeiro, já que ele reprimia, mas como a fruta no Éden, deixava o pecado ser cometido, nunca escondendo o livro perigoso. Deixava-os a um passo do olho e da mão do menino e de seu voraz apetite.

A avó, Dona Amália, apaziguava um pouco aquela guerra das estantes, levando o menino João à banca dos jornais, onde ele podia deglutir letras mais amenas, próprias de sua idade: Ponson du Terrail, Sir Walter Scott, Edgar Wallace, Michel Zevaco, obras publicadas em coleções destinadas ao público juvenil.

– E foi assim – lembra o escritor – que li Karl May, Edgar Rice Burroughs, Robert Louis Stevenson, Swift e tanto mais num sofá enorme, soterrado por revistas, livros e latas de docinhos e bolachinhas, sem querer fazer mais nada, absolutamente nada, neste mundo encantado.

Mas não ficava só nisso. A biblioteca do pai cintilava de mistérios maiores, todos consumidos com fervor pelo garoto.

– Sei que parece mentira e não me aborreço com quem não acreditar (quem conheceu meu pai acredita), mas a verdade é que, aos doze anos, eu já tinha lido, com efeitos às vezes surpreendentes, a maior parte da obra traduzida de Shakespeare, *O elogio da loucura, As décadas,* de Tito Lívio, *D. Quixote* (uma das ilustrações de Gustave Doré mostrando monstros e personagens saindo dos livros de cavalaria do fidalgo me fez mal, porque eu passei a ver as mesmas coisas saindo dos livros de casa), adaptações especiais do *Fausto* e da *Divina comédia,* a *Ilíada,* a *Odisséia,* vários ensaios de Montaigne, Poe, Alexandre Herculano, José de Alencar, Machado de Assis, Monteiro Lobato, Dickens, Dostoievski, Suetônio, os *Exercícios espirituais,* de Santo Inácio de Loyola, e não sei quantos outros clássicos, muitos deles resumidos, discutidos ou simplesmente lembrados em conversas inflamadas, dos quais nunca me esqueço e a maioria dos quais faz parte íntima de minha vida – escreveu o escritor.

Jorge Amado, que conheceu o pai de João Ubaldo, confirma: "Devorador de livros, admirador de clássicos, cidadão áspero e terno, que ressurge inteiro e vivo (Trata-se de "Memórias de livros"), criando o filho para a liberdade e a indisciplina. Se João Ubaldo é hoje um dos escritores principais do Brasil – e da literatura contemporânea –, creio que ele o deve, sobretudo, ao pai que, tentando aparentemente contê-lo, lhe deu régua e compasso."

Em *Viva o povo brasileiro*, o livro mais sinfônico do escritor, talvez com algumas lágrimas nos olhos, João Ubaldo dedicou o romance ao seu pai. Pagava com amor o preço das delícias que um menino sonhador pode ter dentro de uma biblioteca.

ESPORTE

Quarentinha, o canhão

— **A** bola rola no tapete verde do Maracanã. Pampolini domina no peito a pelota, abaixa para o terreno, e solta, à esquerda, para Nilton Santos. Lá vai a "Enciclopédia do Futebol," passa por um, passa por dois. Pára. Ergue a cabeça e solta o balão de couro para Didi, bola com o "Folha Seca", dribla, de corpo, Roberto Pinto, enfia a redonda na direita para Garrincha. Garrincha domina. Avança pela ponta, lá vai o "demônio de pernas tortas"! Vai para cima de Coronel, ele caiu, um drible curto, a torcida está em pé, vem Orlando – confusão na área do Vasco! – Belini tenta o carrinho, é driblado – Gol. Goooooool. Gooooooooooool, de Quarentinha! Uma bomba! Um bombaço! Agora, Bo-ta-fo-go dois, Vasco, ze-ro-o. Dois golaços de Quarentinha!

Gol. Gol de Quarentinha. Era mais ou menos assim, pelo rádio, no final dos anos 50 e nos idos de 60. As torcidas do Vasco, Flamengo, Fluminense e América, então uma poderosa equipe, que tinham ido ao jogo desciam a rampa do Maracanã em direção às suas casas com um estranho sentimento de frustração por ter perdido mais uma partida para o fabuloso time de futebol de Botafogo e de ter visto um espetáculo, dominado pelo astro chapliniano Garrincha, uma alta enciclopédia que usava uns bigodes aparados, um negro esguio e clássico, que jogava de cabeça erguida. Todo um futebol bonito, tudo arrematado por um estrondoso verso de ouro: a cacetada firme do artilheiro, violentando as redes adversárias, craque que viera do Pará, cabeça grande, meio pontuda, tipo príncipe submarino.

Essa cabeçorra depois iria entrar no anedotário do futebol brasileiro quando a Seleção Brasileira, de 1958, cismou em aplicar ciências psicológicas em seus craques. Chamado pelo dr. Trigueiro, uma espécie de humorista, com implantes do dr. Pavlov, para fazer um desenho num teste psicotécnico, que consistia num desenho de uma figura humana, Garrinha não se fez de rogado. Botou lá sua garatuja. Susto do cientista. Horror, horror. O sujeito era desequilibrado.

– Mas por que você fez uma figura humana com uma cabeça tão grande? – perguntou o doutor.

– É a cabeça do Quarentinha – respondeu o craque.

O ídolo do menino João era esse cabeça grande. O garoto João, lá em Salvador, era, segundo ele, péssimo jogador. Zagueiro do tipo forte, hoje zagueiro-zagueiro, aplicado, seguindo as diretrizes dos técnicos. Como todo peladeiro no Brasil, aposto que teve seu dia de craque – o que talvez crie a utopia no futebol brasileiro onde quase todos já jogaram, um dia ou um só minuto, muito bem, marcaram um gol de classe, salvaram o time de uma derrota vexaminosa ou sofreram um penâlti decisivo numa partida. Daí, no futuro, todos são técnicos, árbitros e costumam dizer, quando um gol sai, de maneira aparentemente fácil. "Bem, esse eu até fazia."

Seu ídolo, quando menino, era portanto o Quarentinha, que tinha um trovão nos pés. João Ubaldo Ribeiro recorda:

– Chutava tão forte que, uma vez, juro que vi, acertou um sem-pulo de fora da área e tirou uma lasca da trave! Lembro a trave sacudindo. Era magrelo, parecia fraco, quase não comemorava os gols. Levantava um dos braços e ia para o meio de campo.

Os botafoguenses ilustres confirmam a "pancada" que Quarentinha, um dos maiores artilheiros da clube, dava na bola. Lembra o cronista esportivo do *Jornal do Brasil,* Oldemário Touguinhó:

– Quarentinha tinha um chute insuperável, que não perde em termos de força para nenhum jogador de hoje, tanto na bola parada quanto na quicando. Aí, era quase covardia. Teve um jogo que ele chutou do meio do campo. Castilho [goleiro do Fluminense] não acreditou e a bola entrou.

O médico ortopedista, professor Nova Monteiro, na época em que o jogador estava no Batafogo era o diretor do Departamento Médico, fazendo um trio com João Saldanha, o técnico, e Renato Estellita, o diretor de Futebol. Hoje, ao lembrar do físico do craque, recorda que a musculatura dele era normal. Não como hoje, quando atletas enfiam pela goela abaixo toneladas de vitaminas para fortalecerem os músculos.

– Numa noite, no Maracanã, jogava o Botafogo contra o Canto do Rio. Chovia muito e fazia um frio de doer. Quarentinha entrou em campo sem se esquentar e teve um estiramento no músculo, que fez tanto barulho, que escuto até hoje – lembra o médico.

Mais jovem, igualmente botafoguense, com a estrela solitária estalando no peito, o jornalista Arthur Dapieve não viu o canhão alvinegro atuar em seu clube, mas lendas e lendas chegaram até ele. Principalmente, a bomba de Quarentinha, admirada pelo menino João:

– A idéia que tenho era que Quarentinha era o encarregado de cobrar as faltas. A primeira, ele batia em cima da barreira, o que espantava todo mundo. A segunda, ele mandava no buraco, porque a barreira abria para não receber a bolada.

A emoção para o menino não veio apenas pelas ondas de rádio, que transmitiam para a Bahia as porretadas de Valdir Lebreiro, morto este ano, apelidado de Quarentinha, craque com explosivos nas coxas. Um dia, meninote, assistindo a um treino do jogador no campo do Vitória da Bahia, o atacante olhou em direção ao garoto, e passou a bola para ele, dizendo "chuta aí, campeão". Emoção que o fez quase chorar. Quarentinha enviou uma bola rasteira, fraca, que o menino João, nervoso, não conseguiu reter. Quarentinha tornou-se seu ídolo para sempre.

Na entrevista à *Playboy*, o escritor chorou ao lembrar de seu craque. E continuará sempre chorando – "chuta aí, campeão". Um menino chorará porque a bola, o ídolo, o passe, as palavras entram como um fantasma alegre na alma, às vezes já dura do adulto. Entram de forma eterna. Como um golaço.

Adulto, João Ubaldo Ribeiro acompanhou Copas do Mundo escrevendo crônicas. Torcedor, irrita-se ao saber que pensam um dia colocar câmeras de TV nos jogos com a intenção de evitar os erros dos juízes, uma das delícias do futebol, fator de sua popularidade e injustiça para as mães do responsável pelas quatro linhas. Escritor, é autor de um belo e divertido conto "Já podeis da pátria filhos", uma extremada partida de futebol, jogada nas areias de Itaparica, em época de maré baixa, porque na alta ela engole a baliza, deixando à mostra, de forma insólita, apenas o travessão.

– Esse jogo de futebol é uma composição de várias lembranças. O episódio de meter o dedo na bunda do goleiro foi verdade. Aconteceu quando eu estava jogando. O goleiro adversário era um negão enorme, que estava pegando tudo. O técnico Caquinho me chamou e disse: "Vê se pisa no pé do goleiro quando ele subir para apanhar a bola." Mas o crioulo era um cara violento e começou a me xingar. No intervalo, Caquinho, taticamente, recomendou: "Enfia o dedo no cu dele." Segui a orientação, enfiei, tomei um tapa. O juiz marcou pênalti para o nosso time. O goleirão reclamava e eu estatelado no chão. O juiz veio e perguntou para mim: "O senhor enfiou o dedo no cu do goleiro?" E eu: "Nãaao, não senhor." O juiz confirmou a penalidade – explica o romancista.

Em entrevista à jornalista Márcia Guimarães no jornal *Rio Artes,* de 1992, João Ubaldo Ribeiro lembra ainda como o futebol chegava à sua infância:

– Para mim, o Rio de Janeiro era o futebol. A gente fantasiava muito. Naquela época, os jogos não tinham horário rígido para começar e os locutores ficavam enchendo lingüiça, descrevendo o Rio. E eram bem falantes, grandiloqüentes. E iam dizendo: "Aqui, na rua Bariri...", que era onde ficava o estádio do Olaria. E a gente ficava lá, imaginando a rua Bariri, uma coisa linda, cheia de vedetes.

O escritor tinha então 11 anos e o Rio, do qual ele fala, é o de 52 – para alguns, época dos anos dourados. O estádio do Olaria, o "alçapão da rua Bariri", no dizer dos locutores esportivos, devido à pressão que a torcida fazia em seu diminuto campo, ficava no subúrbio da cidade, onde o lixo, muitas vezes, era ainda catado por carroças puxadas por burros. Na orla marítima carioca, mulheres ensaiavam maiôs mais ousados, já que o biquíni fora lançado em 1946, na França, por obra de um então obscuro figurinista chamado Louis Réard. Um Rio de vedetes? A praia de Copacabana, quase a cada posto, tinha um esgoto a céu aberto. A hepatite era comum entre a juventude de cor bronzeada. Nos subúrbios, havia muitas ruas sem calçamento, com lama e, como até hoje, nas chuvas fortes de verão, a Praça da Bandeira enchia, a água subindo além do pescoço dos transeuntes. O trânsito ficava, como até hoje, interrompido. Bondes parados. Gente voltando para casa de calças arregaçadas. A Central do Brasil lotada. Um punguista correndo.

O Rio tinha um grande futebol. Seu dourado é que era falso e se quebrou.

A Suderj informa: João Ubaldo Ribeiro, no Rio, é vascaíno.

Em 1998, o romancista poderia escutar pelo rádio:

– Detalhe, Garotinho! O Felipe driblou dois pela lateral, a bola ainda resvalou no goleiro do Flamengo e foi Ramon quem cabeceou para o quarto gol vascaíno.[1]

Nota

[1] Jogadores do Vasco da Gama até novembro de 1998. (N. do A.)

CULINÁRIA

Cântico ao arroz-de-hauçá

"Minha mulher diz que a minha comida é mais sergipana. Vatapá, eu não gosto de fazer porque dá muito trabalho, só ficar mexendo, aquela merda, aquela aporrinhação toda."

João Ubaldo Ribeiro

Não há baiano que não tenha jeito para as panelas, e João Ubaldo não poderia ficar de fora. Em seus romances, ele tem descrito lautas e miúdas refeições. Não é como o seu compadre Jorge Amado que, em *Gabriela, cravo e canela,* as receitas servem de um excelente apoio à narrativa, nem em *Dona Flor e seus dois maridos,* na qual a personagem principal é uma rainha dos quitutes. Houve, por volta dos anos 80, um conjunto de romances, livros históricos e filmes, que destacavam os prazeres da mesa, o mais famoso, talvez seja a película *A festa de Babette,* baseado numa narrativa da dinamarquesa Isak Dikesen, na qual sofisticadas receitas servem para unir uma pequena comunidade religiosa em desavenças. Ali, até pelo caráter religioso protestante da história, a refeição, em alto padrão de uma suposta qualidade da antiga culinária francesa, pode ser interpretada como o estalo benfeitor da Graça.

Em João Ubaldo a comida é um efeito narrativo, mas ela é muito material, prazerosa, faz parte mais da gula do que da Salvação, como é no caso do romance *Sargento Getúlio* ou serve para tipificar algumas das características dos personagens como em *Viva o povo brasileiro*.

Numa época em que romances descreviam sensações como o olfato e historiadores sentimentos como o pudor, e os filmes se associaram a exóticos cardápios, João Ubaldo, sergipano-baiano, não seguiu de forma alguma qualquer tipo daqueles modelos em voga. É claro que os textos do escritor poderiam dar um desses livros ricamente luxuosos que se está em prática no mundo editorial de hoje. Mas na "mesa com João Ubaldo Ribeiro" pode ser que está longe de aguar a boca como foi o sucesso salivar das receitas do pintor francês Monet – nem, supõem-se, que faria sucesso no requintado e caro Garcia & Rodrigues, um restaurante no final do Leblon, considerado um estandarte da *soi disant* boa comida para o palato da classe média abastada da zona sul do Rio. "Comida que eu gosto mesmo é a de botequim", costuma dizer o escritor.

Não é caso aqui explicar o papel das refeições na literatura brasileira, embora se saiba que Graciliano Ramos esmerou-se em aprender nos jantares de Eça de Queiróz de como, literariamente, se animava um. Mas o seu melhor desempenho nessa área deve-se a um devaneio. O belo sonho da cachorra Baleia em *Vidas secas*. Ela delira em caçar preás, que estão soltas e abundantes em sua utopia alimentar da desértica caatinga. A *pizza* que um personagem de José Rubem Fonseca come, em pé, na Pizzaria Guanabara, também no final do Leblon, chega a ser toda uma sociologia leblonense. Em João Ubaldo há cenas de comida nas festas em que a Baronesa oferece em *Viva o povo brasileiro* até, nos anos 70, a cultura do uísque, que o falecido senador Severo Gomes, emérito degustador da cachaça e outros destilados, considerava algo que veio para ficar na Alta Cultura da beberagem nacional.

O registro culinário na obra de João Ubaldo não é desprezível, que parece ser uma típica necessidade do romance de fundamento realista (a mesa em *Os Buddenbrooks,* de Thomas Mann, tem um papel primordial na narrativa, só para citar um dos grandes autores dessa tendência), e sempre deve ser visto como uma opção estética – e nunca como *leitmotif* de suas obras ficcionais.

Feito este preâmbulo, voltamos a lembrar que o romancista também tem seus dias de mestre-cuca. Em sua ementa, o prato principal é o arroz- de-hauçá, considerado pelo seu editor Sebastião Lacerda como um dos melhores – e mais belos pratos – que ele teve o prazer de degustar. Geralmente, o manjar é feito em sua casa. Em entrevista em seu apartamento, o escritor João Ubaldo dá a receita, na qual mantemos, ao menos para o meu prazer, a oralidade do escritor. O romancista fala:

Eu já fiz tudo para gostar de caruru, mas não gosto. Minha mãe fazia um caruru extraordinário, todo mundo gostava – eu não consegui. Engraçado é que dizem que meu santo é Oxóssi – eu não sei nada de candomblé, nunca freqüentei, conheço como turista, conheço candomblé o que todo baiano conhece, porque não pode ignorar. Dizem que meu santo é Oxóssi e entre as quizilas dela está o quiabo. Ele não suporta quiabo. O fato é que antes de saber disso, é uma das muitas coisas que eu não como. Não sei explicar. Já até experimentei comê-lo sem baba, em salada, frio, cortadinho. Além de caruru dá muito trabalho, eu não faço. Assim como dá trabalho fazer acarajé

– aquela massa, descascar todo aquele feijão. Aquilo não é brincadeira.

Faço arroz-de-hauçá que é um prato que se faz pouco hoje em dia porque era da nação hansã, que deixou pouca herança na Bahia, deixou poucos descendentes, porque eles eram muçulmanos orgulhosos, alfabetizados e se consideravam superiores aos outros, se rebelaram e foram dizimados. E sobrou pouco da cultura deles na Bahia – inclusive essa palavra hauçá, não sei se o Aurélio registra. [Aurélio registra arroz-de-hauçá]

Câmara Cascudo, eu acho que registra e nem sei direito a grafia.

Há sempre discussões como se faz, porque cada um gosta de fazer de modo diferente. Mas na realidade é:

Carne-seca – jabá como se diz no Nordeste – cortada picada em pedaços pequeninhos, bem menores do que (aí já há escalas de pensamentos)... mas bem menores do que os cubos de estrogonofe, bem menos, assim como a ponta do meu dedo mindinho, porque carne-seca murcha depois de frita, não é bom também fritar muito porque ela fica dura e quebra os dentes dos mais idosos.

Cubinhos, no olhômetro.

Você dessalga a carne (tirar o excesso de sal) e reserva, até a hora de fazer o resto. Depois você refoga: dentinho de alho tradicional, uma cebolinha e camarão descascado. O camarão seco descascado deve ser usado como tempero e não como comida. Normalmente, esse camarão não é muito salgado, você usa ele como tempero. Se você quiser cometer uma pequena heresia, mas que dá certo, pode pegar os camarões e descascar mais ou menos e botar no liquidificador e fazer uma espécie de elixir, uma poeira de camarão seco e usa aquilo como condimento. Aqui, no Rio de Janeiro, é difícil acertar a mão, porque geralmente o camarão seco daqui é de má qualidade, é ruim. O camarão seco do Nordeste, o da Bahia, que é altamente aromático, tem cheiro forte e se você botar demais, você estraga.

Eu, às vezes, faço um pouco desse pó e jogo lá porque ele adere, fica gostoso – eu jogo o camarão seco inteirinho e fica aquela lambança toda e com bastante tempero. Quando o negócio fica mais ou menos refogadinho, você acrescenta o dendê e joga o jabá dentro e vai dando uma fritada. Se você botar dendê demais cozinha e não fica bom – é uma questão de ponto. Se você quiser fazer tudo crocantinho, você bota menos dendê para fritar. Eu prefiro com mais dendê, não gosto crocante demais porque pode ficar dura, muito facilmente a carne-seca fica dura, umas pedrinhas chatas de se comer.

Olha eu com água na boca!

Depois de refogar a carne, ela está pronta. É hora do arroz.

O arroz se faz assim:

A escola tradicional faz arroz tipo papa, mas já tem gente que prefere o arroz soltinho. O arroz deve ser feito com pouco sal e com consistência de papa, como se faz um bolo. Tem gente que faz com leite de coco, eu já não sou do leite de coco, embora não fique ruim a depender da mão e do leite de coco, que tem de ser natural, não pode ser engarrafado, e tem de ser de leve, um pouquinho só.

Depois, você pega o arroz e enforma numa fôrma com buraco e vira numa travessa – desenforma direitinho como se fosse um bolo. Após, você vem com arroz e hauçá e despeja no buraco, e ele se esparrama em cascata pelo lado, aquelas cascatas vermelhas, com dendê de boa qualidade e fica lindo o prato.

Morenaço com a carne-seca e clareando como um sol para os lados, e depois, caindo em estrias.

Que visão bonita!

Acompanha com feijão, que eu faço que não é invenção minha, mas do jeito que eu faço as coisas é meio "macaca".

Você cozinha o feijão-fradinho ao dente, não pode cozinhar muito mole porque senão não dá para o que eu vou dizer: cozinha ao dente na água e sal e escorre a água e guarda ele a seco – refoga novamente. Pode também pegar camarão seco e guardar uma porção (não esquecer, cozinhar na água e sal e guardar descascadinho). Refoga na mesma coisa que refogou para a carne-seca com cebolinha, sal, camarão seco etc., e aí vem o feijão e lambuça todo aquele negócio – o camarão seco, também inteiro, e o feijão fica soltinho, sem caldo, o caldo é só um pouquinho e aí você vai no olho – embola bem para misturar bem o camarão seco.

Boto camarão fresco no meio dessa operação porque fica tipo sorteio – porque tem sempre um filho da puta que cata os camarões –, por isso eu costumo botar bastante camarão fresco, que é para não haver conflito. Boto até em separado, numa cambuquinha, dependendo do número de pessoas.

Fica uma delícia – esse feijão não tem caldo, pode ser servido com uma colher. Fica uma coisa maravilhosa, posso garantir, porque o feijão-fradinho combina muito com o dendê.

Pimenta, eu faço ao lado, porque tem gente que não agüenta. Sabe, me deu vontade de fazer um agora. Dá um certo trabalho cortar a carne, mas eu uso golpe baixo e peço que o Sebastião Lacerda que mande a empregada cortar, aí chego lá e já está tudo cortadinho. Porque cortar é chato, tem que ter uma faca boa e muita paciência.

Nunca fiz com carne-de-sol, é até possível, mas eu não sei.

Carne-de-sol é típica do sertão, de Natal também, que tem uma excelente carne-de-sol, com pirão de leite, uma maravilha,
>macaxeira,
>manteiga de garrafa,
>feijão-de-corda,
>– Ai, minha Nossa Senhora!

CULINÁRIA

Homenagem com sabor soneto

Em 1994, a Livraria José Olympio Editora S.A. publicou dos poetas, gastrônomos e publicitários Celso Japiassu e Nei Leandro de Castro o livro *50 sonetos de forno e fogão*, onde, com inesperadas chaves de ouro, poetizaram pratos desde "Jacaré ao mestre Eduardo" até a popular galinha ao molho pardo. O escritor João Ubaldo Ribeiro pelos seus dotes ganhou um soneto, "Feijão à João Ubaldo". Leiamos:

> Na única exceção deste volume,
> Aqui vai um soneto em rima rica
> Que com muito prazer agora assume
> O saber do ermitão de Itaparica.
>
> Cozinhe n'água e sal todo o feijão,
> Escorra bem os grãos feitos ao dente.
> Alho, cebola, o seco camarão
> No dendê são dourados lentamente.
>
> Despejar o feijão no refogado
> E ajuntar mais um pouco de dendê
> Até que fique tudo besuntado.

Agora vem um toque bem maneiro:
Misture o camarão fresco e você
Vai dar um viva ao povo brasileiro.

O ano de 1971

20 DE JANEIRO – Preso em sua casa, no Rio de Janeiro, o ex-deputado federal Rubens Paiva, desaparecido desde então e nunca mais encontrado.

25 DE FEVEREIRO – Violento temporal inunda o Rio de Janeiro matando mais de cinqüenta pessoas e deixando milhares desabrigados.

18 DE MARÇO – 30 membros da IV Região Militar da Bahia condena a morte o membro do Partido Comunista Brasileiro, Teodomiro Ribeiro dos Santos, 19 anos. Esta é a primeira sentença de morte concedida pela Justiça desde a implantação da República.

15 DE ABRIL – Guerrilheiros executam o industrial paulista Henning Albert Boilesen, dono da Ultragás, que financiava, junto com outros industriais paulistas de direita, órgãos paramilitares, principalmente a OBAN, que promovia torturas e mortes aos presos políticos.

18 DE MAIO – A Bolsa de Valores do Rio de Janeiro registra o maior recorde de sua história.

1º DE JUNHO – O Governo Brasileiro aumenta até 200 milhas a extensão do mar territorial.

18 DE JULHO – Pelé joga sua última partida pela Seleção Brasileira, no jogo Brasil x Iugoslávia.

11 DE AGOSTO – Promulgada a Lei 5.692, que altera o ensino médio em todo o país, sendo a matéria Educação Moral e Cívica administrada obrigatoriamente em todas as escolas, em níveis médios, universitários e pós-graduação.

17 DE SETEMBRO – Caçado e morto, na Bahia, o Capitão Carlos Lamarca e seu companheiro José Campos Barreto.

1º DE OUTUBRO – Inaugurado o primeiro trecho da Transamazônica de 2.320 km dos 5.499 previstos, ligando os estados do Pará e Amazônia.

20 de Novembro – Cai um vão de concreto do elevado Paulo de Frontin, matando 28 pessoas.

O ministro da Economia, Delfim Netto, anuncia que o Produto Interno Bruto cresceu 11, 3% neste ano por causa da exportação do café, que foi de 120%

Na ciência, os Estados Unidos lançam a sonda espacial "Mariner 9", que em 13 de novembro chega a Marte, entrando em sua órbita. A sonda tirou 7 mil fotografias de Marte, que serviram para mapeá-lo. Mostrou-se que a temperatura era baixa demais para permitir a existência de água naquele planeta.

Enquanto isso, na Lua, a Apollo 15 pousava, conduzindo um veículo, capaz de mover-se em seu solo. Os astronautas coletaram rochas lunares.

Era ainda o ano do espaço. Em 19 de abril, a União Soviética colocava a Salyut 1 em órbita – protótipo de uma estacão espacial. Quando a nave desceu à Terra, três cosmonautas estavam mortos. Não agüentaram a perda de ar na cabine.

Um satélite detector de raios X descobriu mudanças irregulares em fonte de raios X na constelação do Cisne, fonte que recebera o nome Cygnus X-1. O astrônomo canadense C. T. Bolt achou que se tinha detectado um buraco negro.

Foi o ano, também, que a Texas Instruments colocou à venda a primeira máquina de calcular portátil. Empregando circuitos transistorizados, pesava somente um quilo e custava não mais que U$ 150. Com o tempo, peso e custo diminuíram bastante.

Os "Documentos do Pentágono", que discorriam detalhadamente sobre o envolvimento dos Estados Unidos na Guerra do Vietnã, foram liberados para a imprensa por Daniel Ellsberg, que trabalhara no Departamento de Defesa. Os documentos revelaram como o governo enganara o povo americano, o que aumentou mais ainda a revolta da população contra a guerra.

As Nações Unidas votaram a entrada da China na organização, expulsando Taiwan.

Morre o escritor dissidente russo Aleksander Trifonic Tvardóski (1910-1971)

O cantor e compositor Chico Buarque de Holanda lança o disco "Construção", com arranjos de Tom Jobim e Rogério Duprat.

O diretor de cinema japonês Akira Kurosawa tenta o suicídio em Tóquio.

Morre Coco Chanel, considerada a maior figurinista do século XX

É lançado em circuito comercial o filme *O conformista,* do diretor italiano Bernardo Bertolucci.

O poeta chileno Pablo Neruda recebe o prêmio Nobel de Literatura.

João Ubaldo publica *Sargento Getúlio*

Ilustração de Liberaci, para o jornal *Rio Arte*, 1992.

Aos 10 anos, na primeira comunhão.

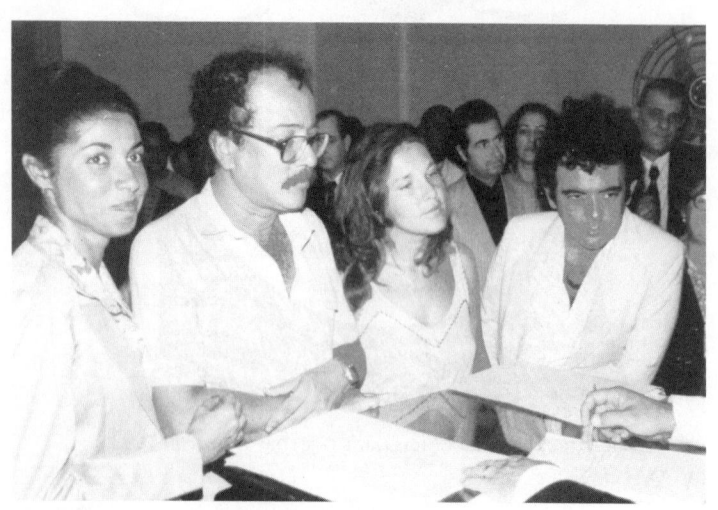

Casamento com Berenice, em 1980, tendo Glauber e Irani como padrinhos.

"Hello, Jack!"

Durante um ciclo de leituras da sua obra na Alemanha.

Com Geraldo Carneiro, que adaptou *O sorriso do lagarto* para a televisão.

Na Feira de Frankfurt, com o agente autoral Thomas Colchie.

Na Espanha, com Jorge Amado e amigos.

Na Cobal do Leblon, a alegria de estar com amigos.

Com o grande amigo Tom, Plataforma, Leblon.

Recebendo o abraço de Cândido Mendes ao tomar posse na ABL.

Em nome do bem, em nome do mal
Uma leitura de Sargento Getúlio

"Portanto, é necessário que se abra ao diálogo, o caminho em direção à palavra. Nunca se chega à certeza, mas esse fracasso não significa que todo o contato com a obra nos seja recusado; é isto o que acontece sempre quando nos encontramos diante da obra de arte: ela nos atinge e nos transforma, e, contudo, nós não sabemos o que ela nos perturbou e como nós respondemos a isso."

Alphonse de Waelhens e Walter Biemel,
Introdução a Kant e o problema da metafísica,
de Martin Heidegger, 1953

Os dois livros que consagraram João Ubaldo Ribeiro junto à crítica e aos leitores foram *Sargento Getúlio*, publicado em 1971 e *Viva o povo brasileiro*, que saiu em 1984 e, talvez, os dois sejam uma síntese do desenvolvimento e amadurecimento do seu estilo, como da imaginação e das preocupações sociais e políticas do escritor. Os dois romances podem assim ser considerados marcos na obra do autor.

Publicado quando a ditadura militar estava empilhando opositores na cadeia e o Doi-Codi esmerava-se em torturá-los e assassiná-los, *Sargento Getúlio* chama a atenção pela rudeza e violência do personagem principal, aliás o único que fala em todo o romance.

Misturando monólogo interior e "interdiálogos" sem que qualquer interlocutor expresse-se diretamente, onomatopéias e oralidade popular, num captar de uma linguagem mais "sergipês" (a expressão é do próprio João Ubaldo) do que baiana, mais acre e muito menos doce que os romances, da assim chamada segunda fase de Jorge Amado, o livro é uma polifonia de sons, gírias, palavras truncadas, dislogias, que representam o mundo hostil e a psique perversa e truculenta de um sargento do governo do Estado de Sergipe, que leva para Aracaju um prisioneiro, aprisionado devido aos ardis da politicagem local.

Lido em 1971, é possível que o leitor, com normal rapidez, tenha associado a virulência do sargento e a situação de terror que se abate sobre o prisioneiro com o momento político em que vivia o país na época. Se fez isso, tal leitor fez bem. Toda a narrativa é opressiva, a maneira como o prisioneiro é conduzido da cidade de Paula Afonso até a capital se faz de modo totalmente arbitrário e as violências, no qual é submetido em todo o percurso, espelham o período obscuro, os anos de chumbo, que toldavam o horizonte brasileiro.

Naquela época, essa "leitura" não era só possível, quanto natural. Hoje, não é a melhor. Seria reduzir a obra-prima de João Ubaldo a uma experiência de um tempo histórico muito determinado, o que não é o caso. Na verdade, o romance não tem como pano de fundo nenhuma ditadura. Não estamos nos anos ditatoriais do pau-de-arara de Getúlio Vargas nem dos "científicos" choques elétricos de Garrastazu Médici.

A narrativa se passa no tempo, ao que tudo indica, em que, por meio de uma manobra política, Getúlio

Vargas lançou, para candidato à presidência, o mineiro Cristiano Machado (1893-1953), ao mesmo tempo que, pela insignificância da candidatura, a turba era manipulada pelo ex-ditador. Ela saía às ruas gritando "Queremos Vargas", gerando o "queremismo". No vocabulário das raposas palacianas outro termo nascia: "a cristianização", isto é, o processo de lançar um candidato e os próprios partidários esvaziarem sua candidatura, o que aconteceu com Cristiano, derrotado à presidência, em 1950, pelo PSD-PR.

É nesse clima, de uma falta de regras e cheia de astúcias políticas, que vive a perturbada cabeça do sargento. Daí a brutal confusão mental e política que acomete o sargento Getúlio em sua viagem a bordo de seu "hudso", nome truncado, no qual ele designa a marca de seu carro: "Não gosto de jornal como vosmecê, acho difícil, muitas palavras. Menas verdade. Udenistas, comunistas. Comunistas, udenistas. Partido Social Democrático", diz ele.

Uma outra página adiante, o autor acentua mais ainda a desordem política que habita a mente do sargento. "Era só questão de dar umas porretadas de ensinamento, não era quando fomos quebrar o jornal comunista. Essa quebra ninguém mandou, mas o jornal aporrinhava o Chefe, de sorte que um dia foi queimado e faltou água para os bombeiros. Não sobrou nada e tinha comunista chorando na porta. Cabra frouxíssimo. Sem dúvidas baiano. Magro, sem sustança, devia de chorar assim de fraqueza. Todos os casos, queimou está queimado, não sobrou nem tição para acender meu liberti. Foi o fim dos udenistas comunistas. Ô gente mofina só é comunista, embora estime a perturbação. Na hora que arrocha, se vão-se todos para cachaprego. Levei diversos. Luiz Carlos Preste. Luiz Carlos Preste. Faziam mítingue na praça Pinheiro Machado gritando isso e uma vez perturbaram toda a rua da

Frente, não deixaram ninguém passar. Não teve gueguê nem gagá. Seu Getúlio, me compreenda uma coisa, me desça o pau nessa corja. Eles lá muito monarcas no distúrbio e nós destaboquemos pela Praça Fausto Cardoso e casquemos a lenha. Cambada de cachorro, não acha vosmecê? Não teve essa cabeça boa, na hora do derrame de cavalaria, que ficasse livre de bordoada. O jornal, depois o Chefe botou no outro jornal que os integralistas era que tinha queimado. Prender os integralistas, seu Getúlio, que é para eles aprender a não queimar os jornais dos outros. Me traga essa gente toda, pelo amor de Deus. Fomos buscar e daqui a pouco estava assim de integralistas na frente da gente. Bonita coisa queimar o jornal, bonita coisa queimar o jornal dos comunistas. Entrou tudo na Chefatura, reclamando, reclamando, ah porque não foi eu que queimei o jornal, ah porque isso não pode, ah porque não sei o quê, ah porque o pai dele é importante e vai soltar ele e essas coisas", rememora o sargento, incapaz de entender um pingo da política que se desenrola entre os maiorais.

Quem é o sargento Getúlio? Basicamente, um capataz da Casa Grande, um feitor do eito escravagista, refugo ordinário que escapou da senzala social. Um servo que segue ordens, sem pensar um instante, joguete nas mãos do seu Chefe político num atrasado estado brasileiro, em que a política é uma questão de Senhores. É um pouco difícil compará-lo aos torturadores e "caçadores" de guerrilheiros, alguns com mistura de formação militar e complôs, que surgiram na época da nossa última ditadura, mamando contra a democracia desde de antes do golpe militar de 64. Não se pode imaginar que João Ubaldo Ribeiro tenha, até devido ao seu temperamento, criado um personagem sem uma arruinada, mas mesmo assim uma humanidade, embora destituída de qualquer senso ético, ou melhor, despossuído, como os filósofos falam, de qualquer vontade.

Por que o sargento Getúlio, com a sua rude violência, pode causar uma empatia no leitor e, não o contrário, como deveria acontecer, uma repelência, no mínimo de ordem moral? Não creio que os bandidos urbanos de José Rubem Fonseca, com sua ferocidade, possam causar – embora vindos do lodo mais profundo do poço social do Rio de Janeiro – algum tipo de calor humano. Muito menos o seu personagem da classe média abastada, que sai pela noite em seu automóvel, atropelando transeuntes, pode adquirir alguma benevolência moral do leitor. Em Rubem Fonseca tais tipos são o Mal em seu radicalismo absoluto. O sargento Getúlio é o Mal diante da sociabilidade – marionete de um armação política e social, um peão num jogo, em que pode ser liquidado a qualquer momento por forças nas quais ele procura ajustar-se, e das quais é dependente, sendo obrigado a defendê-las. E defendendo-as, pode se perder.

Umas das possibilidades dessa empatia é que o personagem de João Ubaldo tem um destino. Ao longo do romance podemos acompanhá-lo prevendo que no jogo em que se lança espera-se a sua perdição. Lendo-o nos anos de ditadura, quando escrevia-se muito e filmava-se, também muito, por meio de alegorias, usadas então para contestar o regime de forma indireta, tal era o controle da censura, o *Sargento Getúlio* poderia também ser apreciado dessa maneira. Mas a ficção ubaldiana está longe desse gênero estético.

O fato de o personagem ser um homem bronco, obedecendo ordens, poderia metaforizar os torturadores da época, mas o melhor ainda para tal tipo de leitura é o fato de que o prisioneiro está literalmente incomunicável – não há uma fala dele ao longo da narrativa, embora

Getúlio possa fantasiá-la e criar uma ficção desse homem que ele conduz, cativo por ordem de algum poderoso mandachuva político. Seu preso é ainda uma personalidade nula quando o sargento se comunica com o seu ajudante, Amaro.

Eis a cachoeira de impropérios ao ser preso por Getúlio: "(...) Olhe o desgramado, espie aí, Amaro! Fugir pra Paulo Afonso, ora fugir pra Paulo Afonso. Fugir para Paulo Afonso feito uma vaca, bexiguento! Fugir pra Paulo Afonso. Pra Paulo Afonso, lá nos infernos, viu, cão da pustema apustemado, lhe faço uma desgraça, pirobo semvergonho, pirobão sacana xibungo bixeguento chuparino do cão da gota do estupor balaio, mija-na-vareta, tem ginásio, tem ginásio! Nunca vi ginásio fazer caráter. Não responda porque é melhor, lhe meto a cabeça num bocapio e deixo o resto com os guarás, cachorro bixiguento, está pensando o quê, agora responda, capão do rabo entortado, peste (...).''

Getúlio leva o prisioneiro sem piedade e num dado momento de fúria arranca-lhe os dentes. Violência sem sentido, que desenha o perfil prepotente e desajuízado desse homem arrancado da ralé para se transformar num mísero e pequeno senhor, algoz truculento diante de sua vítima vulnerável e impotente.

Essa leitura que associa violência a ditaduras é a mais fácil, mas não é a melhor, principalmente porque seria diminuir a qualidade extraordinária do romance de João Ubaldo Ribeiro. Na verdade, *Sargento Getúlio* é uma obra-prima da opressão, exatamente porque o escritor a coloca no interior psíquico e na geografia mental do personagem, independente de haver mais ou menos repressão no restrito campo político. A política real ocorre fora dos desejos do personagem. O ressentimento do seu desabafo diante do prisioneiro é uma política interna de privação, que transborda na sua psicologia de psicopata.

Depois, João Ubaldo cria – neste ponto pode até ser considerado um autor tradicional – um tipo completo, aliás um dos melhores tipos da literatura brasileira pós-64. Esse brutamontes temperamental, com seus sentimentos, instinto, emoções, ódios e alegrias, popularesco, pleno de astúcia e de medo é um homem cheio de vida, perspicaz, com uma surpreendente camada de honestidade e puerilidade.

O fato é que João Ubaldo Ribeiro cria o retrato de um homem do povo, envolvido em contradições reais, tosco baluarte da ordem. E esta ao se voltar contra ele, o transforma num sonhador da marginalidade: o cangaço ou qualquer uma maneira de pular para fora da lei. As duas opções, como nas insolúveis faltas de saída das tragédias, são impossíveis de serem realizadas. O cangaço porque está extinto. Ser fora-da-lei, mas sem a figura de isolamento em que se imagina o cangaceiro na vastidão da caatinga, torna-se o seu caminho, que ele perceba totalmente. Há um limite miúdo entre a ordem e a marginalidade.

Na minha opinião, o sargento Getúlio lembra Lacombe Lucien, o personagem do filme de Louis Malle, no qual um jovem camponês adere, devido a determinadas circunstâncias em que é envolvido, ao fascismo na Segunda Guerra Mundial. Neste jogo, em que ignora tudo, também o arrasta ao fim da guerra, para o desastre pessoal, quando lhe chegam as Fúrias, para atacá-lo em seu momento mais humano e mais trágico.

É um destino. Como no caso do sargento Getúlio, é um destino sem a presença da vontade. Um destino cujo sujeito é o rompante da História, que aliás ignora os dois personagens. Embora a juventude de Lucien aumente a sua ingenuidade, a personalidade ingênua do sargento Getúlio não diminui porque tem maior experiência e mais idade. Ambos têm a inocência do Mal, o que talvez os tornem personagens tão atraentes, sem serem heróis. A piedade que nos comove é que são o lixo na inocência.

Nos dois casos, há um perturbador problema moral. É possível imaginar que nós poderíamos estar em seus lugares! Ao olhá-los de fora, já que somos leitores definidos pelo traço do julgamento que se pergunta, mesmo até sob a forma de interrogação sobre o que é o Justo e sobre o que é o Bem. Por este ato cosmopolita e civilizatório, que nos protege da barbárie e, muitos casos da coragem de não aceitá-la, podemos compreender e até simpatizar com os despropósitos daquelas vidas supérfluas. Mas eles não poderiam ser diferentes? – perguntamos. Não, nos cala as Fúrias.

Os dois personagens, tanto o do cineasta francês quanto o do romancista baiano, são gente do povo e que se aliam, nos laços mais baixos e mais frouxos, com o poder. O poder, no seu ponto mais reles, é a homogeneização dos seus caracteres, o que lhes dá a fórmula gratificante dos seus atos. Enquanto o seu carro, conduzindo o prisioneiro, segue por uma estrada esburacada, o sargento Getúlio relembra com orgulho: "Moléstia de estrada, e eu que já tinha passado o tempo que eu levava caminhão e mais caminhão de eleitor por essas bandas para votar, veja vosmecê. Uma vez quiseram me tomar um caminhão de eleitor na bala e foi um tiroteio besta. Perdemos dois votos na bala, porém eles perderam mais, em gente paga e contada."

A política e o poder são quase acontecimentos lúdicos, uma matemática prazerosa de coisas, um empastelamento de um jornal aqui, uma burla eleitoral acolá, enumeração de fatos, que valem, apenas, pelo seu jogo. A alta jogatina do poder, porém, tem na mão, o ás de ouro, que não está ao alcance de gente como o sargento. Ele é como o dois de paus, que se descarta. Peça inútil, que cai fora do baralho, quando no decorrer da jogada, não tem mais cacife para ficar entre os grandes desse mundo.

Os romances ubaldianos tem uma certa característica, que é o de abrirem com epígrafes enigmáticas, que se transformam num dos caminhos para a interpretação ("O segredo da Verdade é o seguinte: não existem fatos, só existem histórias" em *Viva o povo brasileiro*; "Sabe-se muito pouco" em *O feitiço da ilha do Pavão* e "É por dentro desta pedra" no *O sorriso do lagarto*). Na epígrafe, que abre *Sargento Getúlio,* a palavra-chave é aretê. Ao escolher esta palavra grega, cuja tradução em português é difícil mas que pode significar virtude, no sentido da educação cívica e de uma interpelação moral para o dever (os homens do Renascimento florentino de Maquiavel poderiam ter a *virtù,* como o cruel Lourenço, o Magnífico, insensível em relação aos inimigos da sua *pólis* ou aos adversários de seu poder na cidade).

A *virtù* ou o aretê do Getúlio, daí seu amoralismo, é uma forma de dever, que está além das contingências da realidade social e política, mutável diante de seus olhos. Daí, que pouco a pouco, lentamente, ele vai se transformando em uma personagem trágica – uma das mais trágicas da literatura contemporânea brasileira. O romance pode ser considerado como uma tragédia de um homem que é obrigado a cumprir, devido a uma lei invisível, um dever – dever que não tem o direito de sustar, seja ele feito com a forma do Mal ou não. Em certo sentido, Getúlio lembra os grandes personagens da tragédia, um tipo de Antígona que cegamente tem o dever de enterrar o irmão em solo pátrio, mas que é um traidor pelas leis cívicas de sua cidade, o que interdita essa cerimônia dos laços de sangue, profundamente enraizada em tempos imemoriais.

O aretê de Getúlio, vivendo na política tribal nordestina, é um dever que tem de ser seguido. Paradoxalmente, essa obra-prima, que se desenrola em Sergipe, é um romance – como o escritor deixou a pista na epígrafe – sobre a virtude, no sentido grego. Para um ateniense, por exemplo, era impossível recusar a ser um estratego, o maior cargo militar da cidade, escolhido por sorteio. O dever cívico não permitia. É claro que não se demanda do personagem de João Ubaldo uma patriotada na *pólis*. Isto não mais existe. O cenário, no qual vive o personagem ubaldiano, é o tribalismo político do Nordeste, cujo padrão é quase o da Idade Média, com o baronato protegendo o servo.

Há ainda, além do fato de João Ubaldo Ribeiro ser um leitor de Homero, outro tema vinculado à história de Getúlio. É o velho tema da viagem – e da viagem em direção ao destino que tem de ser cumprido.

A viagem – Ulisses, de Homero, viaja e o de James Joyce, Leopold Bloom, também, embora só por um dia em Dublin – tem sido uma característica importante da narrativa ocidental, e quase ousaremos imaginar que é parte fundamental dela. É no barco Ville-de-Monterau, que Fréderic Moreau, o personagem de *A educação sentimental*, de Flaubert, irá iniciar suas peripécias e subindo o rio, no Congo, que Marlow, em *O coração das trevas*, de Joseph Conrad, encontrará o sr. Kurtz. *Serafim Ponte Grande*, de Oswald de Andrade, viaja e não é totalmente absurdo dizer que em *Vidas secas*, de Graciliano Ramos, há uma "viagem", embora forçada.

Não é intenção de desenvolver tese aqui sobre viagens e o ponta-pé inicial das narrativas ocidentais. O que pode-se notar em *Sargento Getúlio* é que o seu final transforma-se quase num inferno grego, se de fato a intenção do escritor foi descrevê-lo e, com habilidade, nos escondeu. Mas é no rio enlameado, como o Stix, que separa os vivos dos mortos, que Getúlio faz sua última troca com os seres humanos e, amedrontado por se deixar levar pelo Letes – o rio do esquecimento –, rememora no estilhaçamento fugaz da memória, as pessoas que amou, o amigo Amaro e a amante Luzinete. E, como *Cidadão Kane*, de Orson Welles, aparece no último iluminar, a infância: o boi de barro. O fato é que nunca se morreu tão mal e, ao mesmo tempo, tão bem na literatura brasileira.

Romance completo e complexo, tem razão o poeta Geraldo Carneiro, em depoimento a este livro, ao lembrar-se do crítico marxista Luckács a respeito da ficção ubaldiana, devido à totalidade orgânica que ela desenvolve. Não há nela nem exagero interno psicológico que se desliga da exterioridade perceptiva do mundo, nem excesso de uma exterioridade visível pela experimentação artificial da linguagem, tipos de erros que os discípulos de Clarice Lispector de um lado e Machado de Assis e Guimarães Rosa, de outro, habitualmente caem.

Sargento Getúlio é singular e, ao mesmo tempo, tradicional. Ao fim da leitura, os elementos sociais e psicólogicos fazem um corpo unitário criando um tipo – um homem em sua perda, mas sem um mito abstrato que o conduza a isso. Para a psicologia e percepção do leitor e, o mais importante, para o seu prazer estético, *Sargento Getúlio* se completa diante de um personagem ficcional, que poderia habitar a realidade histórica.[1]

Nota

[1] O leitor que deseja se aprofundar mais na ficção ubaldiana pode ler do crítico e historiador Wilson Martins "João Ubaldo Ribeiro: um caso de populismo literário", publicado em 1993 na revista *Iberomania*,

número 38, 1993, pela Max Niemeyer Verlag, Tübingen, e republicado em separata na *Revista da Academia de Letras da Bahia*, em 1996. A tese geral é de que João Ubaldo Ribeiro move-se no mesmo espaço ideológico do segundo Jorge Amado, o da destalinização. Mas como diz Martins, este traumatizante fato político para a esquerda dos meados dos anos 50 não poderia afetar um escritor bem mais jovem como Ubaldo, que viveu o acontecimento já como um dado incontestavelmente superado. Também não foi caso aqui de analisar todos os romances ubaldianos, mas apenas *Sargento Getúlio,* que, na afirmação correta de Martins, "marca a sua verdadeira estréia literária no plano de grandeza que lhe pertence".

O ano de 1984

Politicamente, é o ano das "Diretas Já". Em 15 de abril, a Câmara Federal derruba a votação da Emenda Dante de Oliveira, que propõe eleições diretas para presidente da República. É votado em Colégio Eleitoral a escolha do presidente. Tancredo Neves ganha a disputa entre Paulo Maluf e é eleito presidente.

Em Gariba, interior de São Paulo, explode o conflito com os bóias-frias, que se alastra por todo o estado e outras regiões do país. São mais de 15 mil trabalhadores que param, o que obriga o governo a criar o Proálcool.

Também em São Paulo, um vazamento provoca uma explosão, incendiando parte de Cubatão, num dos maiores acidentes da história do país.

A Seleção de Vôlei brasileira chega, pela primeira vez, a uma final nas Olímpiadas. Ganha a medalha de prata, perdendo para o time americano. No Rio, o Fluminense ganha o Flamengo e vence o troféu do Campeonato Brasileiro.

O navegador paulista Amyr Link atravessa o oceano Atlântico num barco a remo, o Paraty, e entra para a história esportiva da navegação, ao sair da África e chegar à Bahia.

Nascido em São José dos Pinhais, São Paulo, o primeiro bebê de proveta da história brasileira: Ana Paula.

Uma análise do DNA foi usada para defender a tese de que os seres humanos e os chimpanzés são mais de perto relacionados evolutivamente entre si, do que cada um deles com os gorilas ou orangotangos, e que os seres humanos e os chimpanzés provinham de um ascestral comum, existente há cinco milhões ou seis milhões de anos.

Nos Estados Unidos, o presidente Reagan é reeleito.

Na União Soviética, Yuri Andropov (1914-1984) morreu no dia 9 de fevereiro, sendo sucedido por Konstantin Chernenko (1911-1985).

Indira Gandhi foi assassinada em 31 de outubro e seu filho Rajiv Gandhi tornou-se primeiro-ministro da Índia.

Suicida-se, no Rio, o memorialista e imortal Pedro Nava, de 86 anos. O escritor de literatura infantil José Mauro de Vasconcelllos, de 64 anos, autor de *Meu pé de laranja lima* morre em São Paulo. O teatro perde o dramaturgo Jorge Andrade, aos 62 anos.

Morre o escritor argentino Júlio Cortázar, o cineasta francês François Truffaut (aos 52) e o filósofo Michel Foucault, aos 57.

Jorge Amado lança *Tocaia Grande.*

O cineasta Nelson Pereira dos Santos exibe *Memórias do cárcere* e Eduardo Coutinho, *Cabra marcado para morrer.*

No teatro, Irene Ravache e Juca de Oliveira brilham, sob a direção de José Possi Neto, em *De braços abertos*, texto de Maria Adelaide Amaral. Antunes Filho lança a sua versão *pop* de *Romeu e Julieta,* de Shakespeare.

Em Artes Plásticas, no Parque Lage, a mostra "Como vai você, geração 80?" muda o panorama artístico brasileiro, com a presença de novos talentos.

É lançado no Brasil o CD player pela Gradiente e Philips.

O arcebispo anglicano da África do Norte, Desmond Tutu, ganha o Nobel da Paz e dança nas ruas de Jonnasburgo.

O prêmio Nobel de Literatura sai para o poeta tcheco Jaroslav Seifert, de 83 anos.

JOÃO UBALDO PUBLICA *VIVA O POVO BRASILEIRO*

Estilos

"Tudo isso ajudava Irineu a progredir. O caixeiro logo se acostumou ao ritmo mais calmo, e aproveitou o tempo extra, tanto das folgas quanto das preocupações menores, para se dedicar ao estudo. Em três tempos tinha dominado os segredos da língua inglesa, e aprendido a calcular juros compostos em libras. Como continuava a sede de leitura, passou a pedir mais livros ao patrão. Carruthers forneceu até um Shakespeare para os domingos, mas logo notou a fascinação de seu caixeiro pelos assuntos de negócios. E matou a sede do rapaz com sua própria biblioteca, que continha volumes muito especiais sobre o assunto. Para Irineu, ler esses livros foi uma grande descoberta: tudo que os autores portugueses davam como certo era por eles considerado uma espécie de arqueologia. Os negócios ingleses se regiam por uma filosofia completamente diversa da ensinada nos compêndios que circulavam entre os caixeiros brasileiros. Irineu gostou dessa nova forma de ver as coisas, e acabou encantando o patrão com sua ânsia de conhecimento. Aos poucos, pela via da biblioteca, os dois foram se aproximando. O empregado sorvia os novos princípios como verdades últimas, e estava sempre querendo mais. A cada pedido, ia transformando o patrão, primeiro em professor, depois em companheiro de debates."

Jorge Caldeira, Mauá – empresário do Império, *Cia. das Letras, 1995*

"Amleto, de braços dados com o monsenhor a caminho da sala de jantar, comentou que haveria arroz cozido, em deferência ao gosto dos convidados. Ele próprio já fora papa-arroz, já experimentara até farinha de mandioca, que hoje lhe sabia a serragem seca. Mas *Miss* Bennington, a governanta inglesa, o havia educado em pouco tempo – o monsenhor conhecia as delícias da culinária britânica, em que, como tudo o mais, aquele povo admirável era a imagem da excelência? Arroz, só em pudim, única forma aceitável de comê-lo. Era chamado de *rice pudding*, se não se enganava – apresentando a segunda palavra a peculiaridade de não se pronunciar pádingue, como seria de esperar-se, mas púdingue, era uma das muitas exceções da riquíssima língua inglesa, quase o dobro das palavras portuguesas. Gostavam de carneiro cozido ao molho de hortelã? Ah, havia muito o que aprender com os ingleses! Queixavam-se os fabricantes brasileiros – no geral uma súcia desconchavada de artesãos despreparados e atrasados – de que os produtos ingleses tinham vantagens artificiais sobre os produtos aqui feitos, ou atamancados, melhor dizendo. Por que, por causa das tarifas aduaneiras baixas? Mas de toda a sorte havia tarifas aduaneiras e, mesmo assim, o que cá se fazia era mais caro e muitíssimo inferior. Juntem-se dois e dois, meu caro Monsenhor, e teremos quatro todas as vezes, querem tapar o sol com a peneira, como se diz vulgarmente? Não é assim que se vence a concorrência, não é verdade? Sou pelo livre comércio, é a única forma de progredirmos em nossas indústrias, se é que podemos dizer que temos indústrias. É como essa questão do povo, que estamos tangenciando há pouco. Quem fez a fama e a glória de Roma foram os Césares, ou os escravos e a plebe? Temos de nos mirar nos ingleses, cuja bandeira..."

João Ubaldo Ribeiro, Viva o povo brasileiro, *1982*

Par lui-même

"O narrador é o homem que seria capaz de deixar consumir inteiramente a mecha de sua vida à doce flama de suas narrativas."

O narrador, *Walter Benjamin*

Em entrevista à jornalista Daniela Name em *O Globo* de 3 de agosto de 1997, engalanado pelo fardão da Academia, o romancista explicava cada um de seus livros – aliás, com modéstia e muita auto-ironia:

SETEMBRO NÃO TEM SENTIDO – "O título original era 'A Semana da Pátria', porque mostrava uma festa dessas na Bahia, um pouco antes de 1964. Foi um livro juvenil, um típico romance de estréia, em que eu acreditava que minha prosa podia mudar o mundo e queria mostrar todos os meus conhecimentos de literatura brasileira e universal. Glauber Rocha adorava. Eu acho ruim, mas não o renego."

SARGENTO GETÚLIO – "Este foi escrito sob fortes dificuldades, porque eu precisava provar para mim e para os outros que era escritor, mesmo morando distante de tudo, na Bahia. Minhas contas mais precisas chegam à conclusão de que eu escrevi o primeiro capítulo 17 vezes. Simplesmente, não conseguia avançar. O livro acabou sendo muito bem recebido pela crítica, mas não teve nenhuma repercussão pública."

VENCECAVALO E OUTRO POVO – "Estava na casa de Jorge Amado com uma raiva danada porque *Sargento Getúlio* não teve o sucesso que eu queria. Tive um ataque: 'Vou escrever a volta do Sargento Getúlio', 'O filho do Sargento Getúlio' e até 'Sargento Getúlio cavalga novamente'. Acabei fazendo um livro de contos, em que um filho virtual do sargento aparecia. Batizei de 'A Guerra dos Paranaguás', mas o editor Álvaro Pacheco resolveu mudar. Vencecavalo é o filho do sargento Getúlio. Mas até eu tenho dificuldade para lembrar esse título."

VILA REAL – "Mostra as minhas preocupações com o socialismo e, mais do que isso, com a Sociologia do Comportamento, que eu estudava na época. Mistura fantasia e marxismo e há um personagem, Argemiro, que passa a noite inteira vomitando sangue. Um absurdo. Mas há fãs ardorosos. João Bosco (o compositor e cantor) adora, sabe de cor.

JÁ PODEIS DA PÁTRIA FILHOS E OUTRAS HISTÓRIAS – "É uma coletânea de contos publicados em revistas de mulher pelada. Passei uns 15 dias em Itaparica e o aumentei um pouco. A editora queria que fosse uma dessas obras engraçadas que se lê no avião. Acho que não foi.

SEMPRE AOS DOMINGOS – "Quem selecionou as crônicas foi a Bel Lacerda (a editora Maria Isabel Lacerda, na época na Nova Fronteira). Não meti o bedelho, porque adoro a Bel."

POLÍTICA – "Tomei um porre com o Tom Jobim e o Sergio Lacerda no Antonio's. Foi tão brabo que o Tom terminou a noite embaixo de um tamborete. Era tempo do Figueiredo e não paramos de falar de política. Contei ao Sergio que tinha feito mestrado em Ciências Políticas e tive que prometer fazer um livro a quatro mãos com ele sobre o papo daquela noite. Mandei de Portugal um rascunho para ele completar. Ele publicou o tal rascunho, que fez o maior sucesso.

Viva o Povo Brasileiro – "O que eu lembro mais é que foi o segundo livro que eu traduzi para o inglês, depois de *Sargento Getúlio*. E foi mais fácil de escrever do que os que vieram depois."

O Sorriso do Lagarto – "O livro foi muito subestimado no Brasil, mas ainda acho que tinha razão no que propunha. Até hoje, deputados federais me escrevem dizendo que é uma reflexão importante."

Um Brasileiro em Berlim – "Quando cheguei lá, não sabia falar uma palavra de alemão. Acabei vivendo histórias muito engraçadas, que botei no livro."

O Feitiço da Ilha do Pavão – "É passado numa ilha inventada – a ilha do Pavão –, que fica na Baía de Todos os Santos. Fica e não fica. Ela existe no sentido que as outras coisas existem. É uma afetação do estilo seiscentista, passado por volta do século XVIII." (Entrevista a Wilson Coutinho.)

Arte e Ciência de Roubar Galinhas – "A maior parte das crônicas se passa na época que eu morava em Itaparica. Uma delas é do tempo em que eu roubava galinhas." (Entrevista a Mànya Millen, em *O Globo*.)

A Casa dos Budas Ditosos – "Meu novo trabalho será dedicado às mulheres, mas não é uma leitura para moças bem-criadas." (Sobre seu novo livro, cujo tema é a lúxuria, entrevista para Mànya Millen, em *O Globo*.)

CULINÁRIA

O banquete do Sargento

"Deus é gordo", Jorge Amado

"O homem disse: hoje estamos aqui reunidos para comer, graças a Deus, por isso vamos comer, graças a Deus, e se benzeu, parecia um crente; como os crentes têm parte com o cão, desconfiei, além disso era udenista, mas não era crente porque não cantou como os crentes que eu ajudava a jogar pedra em Aracaju, com os cantos deles e escrito na parede do culto: se você vem em paz, pode entrar, mas respeite a religião dos outros, e a gente tacava a pedra do mesmo jeito, já se viu, porque crente não dança, não brinca, não mija e quando morre não apodrece, fica penando. No entretanto, não era crente. Bem, estamos aqui para comer, graças a Deus, e vamos todos comer, sem pressa. Quem tem o que fazer não faça aqui, porque, deu uma hora da tarde, a gente inicia a comer, depois desses vermutes, dessas cangibrinas, depois dessas catuabas, dessas jurubebas, desses alcatrãos, dessas meopatias, depois dessas mundurebas, e dê quantas horas dê a gente só paramos de comer quando quiser, graças a Deus, e podemos comer até quando der, graças a Deus, para isso tem comida aí, não é? E tinha quatro empregadas, sendo que duas de chapéu na cabeça e avental branco e uma bandejas, que tinha de segurar de duas mãos, chega estavam pejadas mesmo. Terceiro: a comida mesmo, que veio primeiramente umas curimãs de viveiro, gordas, com banhas. Veio dois tipos: uma curimãs assadas em folha, mas assadas com mais arte do que no mato, e bem espeladas. Essas, a gordura derreteu e soltou nas folhas, de formas que a folha já rebrilhava mesmo e é necessário emborcar as folhas em cima do prato para não perder a gordura, e o cheiro e a carne soltava das espinhas, hum; se emborcava no pirão branco e tinha um molho de cozidos dentro do óleo com pimentas inteiras, dos que engrossam e escurecem, que faz bolhas, no meio dos temperos verdes, era bom olhar o molho, mexendo devagar com a colher. A outra era de muqueca, com pirão amarelo e essa tinha postas dentro da terrina, uma das postas mais escuras do que as outras e umas mais macias e se podia pegar a parte do rabo e ir tirando a carne com cuidado, para só deixar a espinha e a parte do rabo e aquilo se catava com facilidade e se despejava mais caldo no pirão e cada pedaço vinha mais macio. Do lado: uns pitos, um de quarto, no meio da muqueca, um frito, saído do rio, na manteiga sem sal, mas com sal no pitu, na manteiga branca com o cheiro que se cheirava. Melhor de todos, aqueles pituzinhos dos miúdos que não tinham nem casca direito e que a gente ia comendo um e já olhando outro, para escolher o que vinha seguinte. Antes, ostras de mergulho, como uns bolachãos, essas possa ser cruas ou escaldadas, sendo de preferência as cruas, por se prestar a não ter que botar no prato como uma malassada, mas poder comer com barulho dentro da concha, e uns sururus de bolo na tijela, que se pode misturar com o molho e jogar na ostra e uns aratus fritos e catados, e as ostras a gente despejando um tico de salgema, aquilo cor de gema de ovo com dourado, afogando no ardido, é bom que dá uma tesão muito boa. Comemos diversas, mas tinha mais, só que essas não comemos. Isso, eu comendo e olhando as outras coisas. O dono disse: depois todo mundo pode dormir na rede, se tiver rede que chegue. Quarto: um feijão com couve, que pusemos farinha e misturamos, misturamos e botemos em cima uma jabá frita e cortada miúda e juntemos umas mangas espadas e umas melancias. Tinha uma porca matada na hora, de molho pardo, uma porca sequinha e desengordurada e quase toda desossada, só ficando osso onde era de conveniência ficar pelo gosto que dá, e essa porca também foi. E tinha uma manta de carne-de-sol, que foi comida por último, porque o homem disse: depois de carne-de-sol fica tudo sem graça, tem que deixar por derradeiro, e é verdade. Essa se pode comer até crua, como presunto. Mas não vinha crua, vinha assada. Uma manta de carne-de-sol, um lado gordura um lado maciça, que essa também foi, em riba de um pirão de leite, no ponto, sem encaroçar nem anguzar, hum. A manta era cortada na frente de todos que esperava espiando e não se negava nada, levantando com um garfão grande de dois dentes e tirando as lascas com a faca ligeirinho e derrubando por cima do pirão, com caldo. O caldo era um caldo devagar, grosso, que escorre, escorre, hum. Aí todo o mundo calado, comendo no calado e dando arrotos; quando tinha que dar, olhava para o lado e desapertava o cinto e se recostava e de vez em quando tem umas paradas para suspirar, todo mundo desincilhado e ancho e olhando para cima para ver nada e tirando umas talisquinhas de coisa no meio de dois dentes. No calado, hum. Quinto: uns cajus na calda, a calda que parecia um vinho com cajus dentro e os cajus que parecia umas massas feitas naquele jeito de propósito, e então parte-se o queijo de cabra que vem ardido e com um cheiro que ninguém se engana e por primeiro se bota o queijo no prato e por cima os cajus, com bem calda. E come-se os cajus. Comemos os cajus e o dono ficou também chupando pitomba e cuspindo os caroços no quintal. Essa terra é tão boa, disse o homem, que esses caroços tudo nascem depois, fica cheio de pé de pitomba isso aqui. Ei fiquei agradando mais uns cajus. E eu tenho sangue bom, disse o dono, basta cuspir uns caroços ou jogar assim como marraio, que nasce logo, e nós demos para uma prosa mole enquanto moía o café e veio o café e fiquemos. O dono disse: graças a Deus, e aí nós dormimos nas redes e não teve sonhos."

In Sargento Getúlio, *de João Ubaldo Ribeiro*

CULINÁRIA

Prazeres da carne ou
Como era gostoso o meu holandês

"Cunhambebe, além de temível comedor de inimigos, era guerreiro de valor. As suas expedições contra os tupiniquis e peros sempre foram bem conduzidas e lhes causavam estragos enormes.
Em outra ocasião Hans Staden encontrou-o sentado à frente de um grande cesta de carne humana. Cunhambebe estava comendo uma perna, que chegou à boca de Hans, perguntando-lhe se gostava.
Hans repeliu o horrível assado, dizendo que, se nenhum animal irracional comia o seu semelhante, como um homem podia comer a outro?
– O antropófago cravou os dentes na carne, arrancou um naco e respondeu com a boca cheia:
– "Jaúara ichê (sou um tigre). Está gostoso!"

Monteiro Lobato, Aventuras de Hans Staden

"**O** caboco Capiroba então pegou um porrete que vinha alisando desde que sumira, arrodeou por trás e achatou a cabeça do padre com precisão, logo cortando um pouco de carne de primeira para churrasquear na brasa. O rosto ele charqueou bem charqueado em belas mantas rosadas, que estendeu num varal para pegar sol. Dos miúdos prepararam ensopado, moqueca de miolo bem temperada na pimenta, buchada com abóbora, espetinho de coração com aimpim, farofinha de tutano, passarinha no dendê, mocotó rico em todas as partes fortes do peritônio e sanguinho talhado, costela assada, culhõezinho na brasa, rinzinho amolecido no leite de coco mais mamão, isca de fígado no toucinho do lombo, faceira e orelhas bem salgadinhas, meninico bem dormindinho para pegar sabor, e um pouco de lingüiça, aproveitando as tripas lavadas no limão, de acordo com as receitas que aquele mesmo padre havia ensinado às mulheres da Redução, a fim de que preparassem algumas para ele. Também usaram umas sobras para isca de siri e de peixinho de rio, sendo os bofes e as partes moles o que melhor serve, como o caboco logo descobriu.

O padre, porém, não sustentou o caboco Capirora e suas mulheres muito tempo, por três ou quatro razões, a primeira das quais era a pequenez da carcaça e a carne nodosa que, mesmo no filé, apresentava pedaços revoltantes pela dureza e resistência a trato e tempero. A segunda foi que tanta provisão terminou por azedar, nesta atmosfera assombrosamente rica em reimas e princípios putrificadores, sobrando somente a carne-de-sol e a lingüiça. A terceira razão, a quarta e as que porventura ainda pudessem ser enumeradas estariam todas subordinadas a que eles se agradaram de carne de gente, de forma que o caboco Capiroba forcejou mais e mais em caçar um ou outro branco entre aqueles que a cada dia pareciam aumentar, em quantidade e qualidade, por toda a ilha. No primeiro ano, comeu o almoxarife Nuno Teles Figueiredo e seu ajudante Baltazar Ribeiro, o padre Serafim da Távora Azevedo, S. J., o albardeiro Bento Lopes da Quinta, o moço de estrebaria Jerônimo Costa Peçanha, dois grumetes, quatro filhos novos de ouvidores da Sesmaria, uns agregados, um ou outro oficial espanhol por lá passando, nada de muito famoso. No segundo ano, roubou mais duas mulheres e comeu Jacob Ferreiro do Monte, cristão-novo, sempre lembrado por seu sabor exemplar da melhor galinha ali provada: Gabriel da Piedade, O.S.B., que rendeu irreprochável fiambre defumado; Luiz Ventura, Diogo Barros,

Custódio Rangel da Veiga, Cosme Soares da Costa, Bartolomeu Cançado e Gregório Serrão Beleza, minhotos de carnes brancas nunca superadas, raramente falhando em escaldados; Jorge Geprón Nabarro, biscainho de laivo azedo e enérgico, tutano suculento, tripas amplas; Diogo Serrano, sua esposa Violante, seu criado Valentim do Campo e suas graciosas filhas, Teresa, Maria do Socorro e Catarina, grupo desigual mas no geral consistente, de paladar discreto e digestão desimpedida; Fradique Padilha de Évora, algo velho e esfiado, mas o melhor toucinho que por lá se comeu, depois de bem salgado; Carlos de Tolosa e Braga, de quem se fizeram dois troncudos pernis; seis marinheiros do Capitão Ascenso da Silva Tissão, todos de peito demais rijo e um travo de almíscar, porém de louvada excelência nos guizados e viandas de panela funda; o quartel-mestre Lourenço Rebelo Barreto, saudoso pela textura inigualável da sua alcatra, e muitos outros e outros. No terceiro ano, o caboco roubou mais duas mulheres e viu nascer mais quantas filhas, de maneira que, com muitas bocas para sustentar, passou a consumir um número maior de brancos, a ponto de, em alguns períodos, declarar-se uma certa escassez. Até que, bastante tempo depois, as frutas do verão dando em pencas e caindo pelo chão, os insetos em grande atividade e as mantas de tainha saracoteando irreqüietas por toda a costa da ilha, saiu para tentar a sorte meio sem esperança e voltou arrastando um holandês louro, louro, já esquartejado e esfolado, para livrar o peso inútil na viagem até a maloca. O flamengo tinha o gosto um pouco brando, a carne um tico pálida e adocicada, mas tão tenra e suave, tão leve no estômago, tão estimada pelas crianças, prestando-se tão versatilmente a todo uso culinário, que cedo todos deram de preferência a outro alimento, até mesmo o caboco Capiroba, cujo paladar, antes rude, se tornou de tal sorte afeito à carne flamenga que às vezes chegava mesmo a ter engulhos, só de pensar em certos portugueses e espanhóis que em outros tempos havia comido, principalmente padres e funcionários da Coroa, os quais lhe evocavam agora uma memória oleosa, quase sebenta, de grande morrinha e invencível graveolência. Rês melhor que essa, tão pálida e translúcida, encorpada e ao mesmo tempo delicada ao tato e ao delibamento, ao mesmo tempo rija e macia, ao mesmo tempo salutar e saborosa, ao mesmo tempo rara e fácil de caçar, rês como essa não havia cá nem jamais haveria, cabendo ao homem aproveitar sem questionar o que se lhe dadiva a Natureza, pois que do jeito que se dá se tira, não sendo outra a fábrica da vida."

In Viva o povo brasileiro, *capítulo "Vera Cruz de Itaparica, 20 de dezembro de 1647", de João Ubaldo Ribeiro*

Política

Senhor Presidente

"Acho que está havendo um crescente desencanto com o governo Fernando Henrique, principalmente quanto à postura imperial que ele assume."

Entrevista de João Ubaldo Ribeiro a Daniel Stycer e Hélio Contreiras para a revista IstoÉ *em 19/3/97*

"Antes de mais nada, quero parabenizá-lo pela sua vitória estrondosa nas urnas. Eu não gostei do resultado, como, aliás, não gosto do senhor, embora afirme isto com respeito. Explicito este meu respeito em dois motivos, por ordem de importância. O primeiro deles é que, como qualquer semelhante nosso, inclusive os milhões de miseráveis que o senhor volta a presidir, o senhor merece intrisecamente o meu respeito. O segundo motivo é que o senhor incorpora uma instituição basilar do nosso sistema político, que é a Presidência da República, e eu devo respeito a essa instituição e jamais a insultaria fosse o senhor ou qualquer outro seu ocupante legítimo. Talvez o senhor nem leia o que agora escrevo e, certamente, estará se lixando para um besta de um assim chamado intelectual, mero autor de uns pares de livros e de uns milhares de crônicas que jamais lhe causarão mossa. Mas eu quero dar o meu recadinho.

Respeito também o senhor porque sei que meu respeito, ainda que seja relutante privadamente, me é retribuído e não o faria abdicar de alguns compromissos com que, justiça seja feita, o senhor há mantido em sua vida pública – o mais importante dos quais é com a liberdade de expressão e opinião. O senhor, contudo, em quem antes eu votei, me traiu, assim como traiu muitos outros como eu. Ainda que obscuramente, sou do mesmo ramo profissional que o senhor, pois ensinei ciência política em universidades da Bahia e sei que o senhor é um sociólogo medíocre, cujo livro *O modelo político brasileiro* me pareceu um amontoado de obviedades que não fizeram nem fazem falta ao nosso pensamento sociológico. Mas, como dizia um antigo personagem de Jô Soares, eu acreditei.

O senhor entrou para a História não só como nosso presidente, como o primeiro a ser reeleito. Parabéns, outra vez, mas o senhor nos traiu. O senhor era admirado por gente como eu, em função de uma postura ética e política que o levou ao exílio e ao sofrimento em nome de causas que acreditávamos, ou pelo menos nós pensávamos que o senhor acreditava, da mesma forma que hoje acha mais conveniente professar crença em Deus do que negá-la, como antes.

Em determinados momentos de seu governo, o senhor chegou a fazer críticas, às vezes acirradas, a seu próprio governo, como se não fosse o senhor seu mandatário principal. O senhor, que já passou pelo ridículo de sentar-se na cadeira do prefeito de São Paulo, na convicção de que já estava eleito, hoje pensa que é um político competente e, possivelmente, tem Maquiavel na cabeceira da cama. O senhor não é nem uma coisa nem outra, o buraco é mais embaixo. Político competente é Antônio Carlos Magalhães, que manda no Brasil e, como já disse aqui, se ele fosse candidato, votaria nele e lhe continuaria a fazer oposição, mas pelo menos ele seria um presidente bem mais macho que o senhor.

Não gosto do senhor, mas não lhe tenho ódio, é apenas uma divergência histórico-glandular. O senhor assumiu o governo em cima de um plano financeiro, que o senhor sabe que não é seu, até porque lhe falta competência até para entendê-lo em sua inteireza e hoje, levado em grande parte por esse plano, nos governa novamente. Como já disse na semana passada, não lhe quero mal, desejo até grande sucesso para o senhor em sua próxima gestão, não, claro, por sua causa, mas por causa do povo brasileiro, pelo qual tenho tanto amor que agora mesmo, enquanto escrevo, estou chorando.

Eu ouso lembrar ao senhor, que tanto brilha, ao falar francês ou espanhol (inglês eu falo melhor, pode crer) em suas idas e vindas pelo mundo, à nossa custa, que o senhor é o presidente de um povo miserável, com uma das mais iníquas distribuições de renda do planeta. Ouso lembrar que um dos feitos mais memoráveis de seu governo, que ora se passa para outro se inicie, foi o socorro, igualmente à nossa custa, a bancos ladrões, cujos responsáveis permanecem e permanecerão impunes. Ouso dizer que o senhor não fez nada que engrandeça junto ao coração de muitos compatriotas, como eu. Ouso recordar que o senhor, numa demonstração inacreditável de insensibilidade, aconselhou a todos os brasileiros que fizessem *check-ups* médicos regulares. Ouso rememorar o senhor chamando os aposentados brasileiros de vagabundos. Claro, o senhor foi consagrado nas urnas pelo povo e não serei eu que terei a arrogância de dizer que estou certo e o povo está errado. Como já pedi na semana passada, Deus o assista, presidente. Paradoxal como pareça, eu torço pelo senhor, porque torço pelos famintos, esfarrapados, humilhados, injustiçados e desgraçados, com o qual o senhor, em seu palácio, não convive, mas eu, que inclusive sou nordestino, conheço muito bem. E ouso recear que, depois de novamente empossado, o senhor minta outra vez e traga tantas ou mais desditas à classe média do que seu antecessor que hoje vive em Miami.

Já trocamos duas ou três palavras, quando nos vimos em solenidades da Academia Brasileira de Letras. Se o senhor, ao por acaso estar lá outra vez, dignar-se a me estender a mão, eu a apertarei deferentemente, pois não desacato o presidente do meu país. Mas não é necessário que o senhor passe por esse constrangimento, pois, do mesmo jeito que o senhor pode fingir que não me vê, a mesma coisa posso eu fazer. E, falando na Academia, me ocorre agora que o senhor venha a querer coroar sua carreira de glórias entrando para ela. Sou um pouco mais mocinho do que o senhor e não tenho nenhum poder, a não ser afetivo sobre meus queridos confrades. Mas, se na ocasião eu tiver algum outro poder, o senhor só entra lá na minha vaga, com direito a meu lugar no mausoléu dos imortais."

Artigo de João Ubaldo Ribeiro publicado em O Globo, *de 18 de outubro de 1998, e censurado no mesmo dia no* Estado de S. Paulo, *que o republicou uma semana depois, com pedidos de desculpas ao autor.*

Esse texto, publicado alguns dias após a reeleição do presidente Fernando Henrique Cardoso, soou como dinamite pura nos meios intelectuais e entre os leitores do colunista. A maioria das cartas enviadas aprovava a coragem e a atitude do escritor. Alguns ficaram chocados pela maneira que João Ubaldo Ribeiro escrevera o seu *j'acuse*,[1] alegando que como sociólogo, FHC – sucesso acadêmico para os *tweeds* professorais e para alguns bem-vestidos alunos da esquerda latino-americana no exterior,[2] nos anos 70, por sua *Teoria da dependência*[3] –, não passava de sociólogo medíocre. Ou, no final do texto, quando o romancista, com humor, quase sugere que por ele, FHC, só entraria na Academia Brasileira de Letras depois que passasse pelo seu cadáver, liberando o seu mausoléu, que os acadêmicos pelo destino da Imortalidade usufruem desse direito no cemitério São João Batista. Onde, segundo outro escritor, Carlos Heitor Cony, não se morre direito. No Rio, morre-se mesmo é no Caju.

Mas é certo de que a decepção com o primeiro governo FHC, entre os intelectuais, foi enorme. Ex-ativista, no que era razoável chamar de esquerda, no tempo em que se montavam Frentes Amplas para derrubar a ditadura, orador em palanques a favor de eleições diretas, ouvidor-mor no Congresso de uma saída política que representasse uma coerente facção centro-esquerda, após a falência absoluta do dogma marxista, idealizador, no Senado, do até agora esquecido e, possivelmente, demagógico imposto sobre riquezas, que parece só funcionar na Suécia e nas carteiras do cineasta Ingmar Bergman e da atriz Sophia Loren, que vivem às turras com o fisco (É justo ainda lembrar que o atual presidente da República, embora tenha lido *O capital* e realizado seminários sobre o assunto, nunca se declarou marxista. Ele é mais weberiano e, por certo tempo, até os votos lhe fugirem na prefeitura de São Paulo, foi um honesto ateu), FHC, ao longo dos seus quatro anos presidenciais parece um Super-Homem que armazenou kriptonita.

Depois de quase meia década batalhando pela reeleição, paralisado a inflação, instituído o frango como a moeda corrente dos miseráveis, o país vive uma safra inédita de desemprego, podendo chegar, em 1999, a 13%, segundo estimativas do professor da Universidade de Campinas, Márcio Pochman,[4] gente que, com o tempo, verá uma asa de galinha como uma miragem no Saara. Segundo o jornalista Elio Gaspari, em artigo em *O Globo* de 15 de novembro de 1998, "Os Senhores do Universo [referência aos operadores da Bolsa de Nova York no romance do americano Tom Wolfe, *A fogueira das vaidades,* na época do papelório delirante dos *yuppies*] arrecadaram algo como US$ 36 bilhões de dólares e produziram uma recessão. E a dívida? De US$ 60 bilhões em julho de 1994, está hoje em cerca de US$ 245 milhões. Com os juros que o governo paga, os gatos gordos da globalização comeram tudo o que FFHH tirou da Viúva".

Acrescentem-se ao moinho de vento do papelório, expressão muito usada pelo jornalista, as estatísticas dolorosas apresentadas pelo Banco Interamericano de Desenvolvimento (BID) em texto em *O Globo,* de 16 de novembro de 1998, nas quais o Brasil é um dos países mais desiguais em distribuição de renda do planeta, perdendo para o Paraguai e para o Equador, por exemplo.

Para um escritor sensível, de um humanismo de fazer rolar as lágrimas diante da miséria, como é o caso de João Ubaldo Ribeiro, um país que não educa nem cura (o imposto do CPMF foi desviado para as outras bandas do poder), não oferece cultura nem esperança, é um país ruim até de ser lido nos jornais.

– Ler os jornais todos os dias é um permanente baixo-astral. Sempre me deprimo, e muito. Chego a chorar – declarou aos jornalistas Daniel Stycer e Hélio Contreiras para a revista *IstoÉ.*

E mais:

– Hoje o Congresso está com seus poderes totalmente usurpados pelas medidas provisórias, que parecem ser mais abundantes que os decretos-leis da ditadura. As medidas provisórias são verdadeiros decretos-leis. O FHC está combinando a visão de si mesmo de rei filósofo com o político maquiavélico. Rei filósofo no sentido usado por Platão. A palavra na Grécia Antiga significava sábio. Platão queria uma tecnocracia. Não há nada mais antidemocrático do que a *República* de Platão. O governo seria exercido pelos tecnocratas, os reis filósofos. Não só FHC se julga um rei filósofo, quase onisciente, que sabe estar acima da ignorância da maior parte da população brasileira, inclusive dos intelectuais que discordam dele, mas está se achando maquiavélico, um político habilidoso, capaz de exercer as atividades camaleônicas de um maquiavelista e de conduzir os fatos políticos a seu bel-prazer.

Ou mais ainda:

– Não é esta a questão [Comentando se FHC fazia um bom ou mau governo]. Acho que está havendo uma espécie de *fujimorismo*. Eu já havia dito isso antes, muito antes do que está acontecendo agora. Quem manda no Brasil não é mais o presidente Fernando Henrique Cardoso. É o senador Antonio Carlos Magalhães. E ACM tem a mão pesada. Ele pode agir até com pessoas de quem gosta, caso seja contrariado. O ACM não brinca em serviço. O Fernando Henrique parece estar cheio de si porque está com o Congresso na mão, através de Antônio Carlos Magalhães, a quem ele atende para poder manter este controle.

Alguns dias depois, na Churrascaria Marius, em Copacabana, um jantar de desagravo ao escritor que teve seu artigo "Senhor Presidente" censurado pelo *Estado de S. Paulo,* logo publicado no domingo seguinte pelo diário paulista, com desculpas.

Amigos compareceram. O romancista, depois de um breve discurso, saiu cedo.

Para alguns boêmios, a noite apenas começava.

E para muitos outros intelectuais, sem acesso e prestígio na imprensa, João Ubaldo Ribeiro falara o que eles tinham pensado durante quatro anos.

É que havia no ar uma espécie de grito.

Viva o povo brasileiro! – soava.

Notas

[1] O *j'acuse* no texto tem o sentido de desabafo político. É lógico que não possui o peso do "Eu Acuso", panfleto de Zola publicado em 13 de janeiro de 1898 no jornal francês *Aurore,* editado por Georges Clemenceau, que aliás foi quem deu o título. Nesse artigo, Zola assume a defesa de Alfred Dreyfus, um militar judeu, acusado injustamente de traição à pátria, assunto político que perturbou e dividiu a França.

[2] Estudante de Filosofia em Louvain, nos anos 70, era visível o interesse entre os alunos de mestrado em Sociologia pelo livro *Dependência e Desenvolvimento na América Latina,* texto de Fernando Henrique Cardoso e Enzo Faletto, publicado em 1969. O livro é marcado por várias interpretações erradas e, hoje, o presidente o renega.

[3] Liberais sempre contestaram a teoria. As últimas críticas foram de Plinio Apuleyo Mendoza, Carlos Alberto Montaner e Alvaro Vargas Llosa no panfletário "Manual do Perfeito Idiota Latino-Americano" e, mais recentemente, o historiador americano David Landes, em *Riqueza e pobreza das nações,* mesmo lendo, com equívocos, a teoria, a crítica. É quase certo que João Ubaldo tenha absoluta razão: FHC é um sociólogo medíocre. No rigor da palavra, mediano.

[4] Publicado no *Jornal do Brasil* de 16 de novembro de 1998

"O feitor foi ver o que era. Estumou a cachorrada. E os cadelos calaram-se e meteram o rabo entre as pernas.
Sobressaía, de trecho em trecho, na ondulação verde, um lombo escuro.
Pegali cheirou as pernas de Valentim e endireitou a orelha para um ponto que acamava. Latiu, acuando.
O partido estremeceu numa estalada de canas quebradas.
E ouviu-se um grunhido estranho, um berro de animal dolorido.
Uma onda de frio enregelou toda a bravura mestiça de Marzagão. João Troçulho tremia como a milhã sacudida pelo vento.
Então, Pirunga avançou impávido e mergulhou nas touceiras agitadas.
Recresceu a ansiedade cobarde.
Os cães encolhiam-se no aceiro.
Mas seguiu-se um silêncio intrigante. E boiavam nas folhas duas cabeças móveis.
Era Pirunga abraçado com Ximane que tinha ido, alta noite, furtar o aipim que havia plantado e, pressentindo os vigias, se entocara no canavial.
Levado à presença do senhor de engenho, este ordenou ao feitor:

– Lambuze o traseiro de mel de furo e assente no formigueiro.
Ximane alarmou-se:
– Por amor de seu Lúcio!...
– Lambuze, bem lambuzado!
– Por amor da defunta!
– Nesse caso, dê-lhe umas tronchadas.
Manuel Broca prontificou-se:
– Fica por minha conta. Trinta lamboradas.
E, ali mesmo, uma, duas, três...Logo na terceira, o caboclo grunhia e mijou-se.
O xexéu deu-lhe uma vaia em termos."

José Américo de Almeida, A Bagaceira, *1928*

"Mas o irmão caçula, Jorge Diogo, que estava observando tudo por trás de uma touça de bananeira, chegou sem ser visto e, usando o facão de mato amolado que havia tempo carregava de propósito, degolou Vasco Fernão com somente dois golpes, assim se sagrando Afonso Jorge II, o novo mani banto, com troca do primeiro nome, em honra dos ancestrais. E prosseguiu a vida do quilombo como sempre, os negros escravos trabalhando e apanhando, os senhores negros, mulatos e brancos caçando, fornicando e dando banquetes e festas. A disciplina é mantida com dureza e escravo fugido recapturado tem o pé esquerdo decepado, para aprender a não ser safado e ingrato. A corte ostenta barões, viscondes, condes, marqueses e outros nobres. Negros não – congoleses, bem como mestiços destes com gente de outras nações ou com índios, não podem entrar, a não ser para o cativeiro, mas visitas ilustres são recebidas, depois do convite apropriado.
Sem convite, os forasteiros não são bem-vindos e se contam muitas histórias de mateiros e caçadores torturados até a morte, por ousarem penetrar na mata do Quilombo."

João Ubaldo Ribeiro, O feitiço da ilha do pavão, *1997*

Resenha à moda Imprensa Moderna

"Haverá um tempo em que as resenhas falarão menos dos livros do que as orelhas deles."

Possível profecia do jornalista Claudio Bojunga

UM BRASILEIRO EM BERLIM, de João Ubaldo Ribeiro. 1993. Organização do texto e pósfácio de Ray-Güde Mertin; Ed. Nova Fronteira; 159 págs. Preço: a conferir.

Moqueca em Berlim
O escritor baiano João Ubaldo Ribeiro publica crônicas bem-humoradas sobre um brasileiro na Alemanha, depois da queda do muro.

Fábio Joio Jr.
João Ubaldo Ribeiro, 57, casado, 2 filhos, tornou-se um dos escritores mais populares do país depois da publicação de *Viva o povo brasileiro,* 85, quando escreveu uma espécie de anti-história, tendo como cenário o Recôncavo Baiano, principalmente a ilha de Itaparica, a 40 minutos de barca de Salvador, capital da Bahia. Itaparica foi o lugar onde o escritor nasceu.

João Ubaldo Ribeiro mora em Ipanema, Zona Sul do Rio de Janeiro. Escreveu estas 16 crônicas quando foi bolsista da DAAD (Deutscher Akademishe Austauschdienst), instituição que convida artistas e escritores para passar temporadas em Berlim, sem obrigação de escrever. Já ganharam esta bolsa o escritor carioca José Rubem Fonseca e o paulista Santo Inácio Loyola de Brandão.

As crônicas, muitas delas, de fino humor, foram publicadas pela primeira vez traduzidas pela tradutora de suas ficções em língua alemã (*Viva o povo brasileiro* já vendeu lá mais de 60 mil exemplares) no jornal *Frankfurter. Rundschau* (pronuncia-se Franquefúrter Rundchao).

Na Alemanha, ele morou na Storkwinkel, 57, rua próxima a Kurfürstendamm, (pronuncia-se Curfurstendam), a mais badalada de Berlim. Ele chegou à atual capital alemã em 1990, quando se iniciara o processo de integração das duas Alemanhas, tema de vários textos ácidos, irônicos e críticos do autor.

Um deles, "Procurando o alemão", o escritor encontra num bar berlinense seu amigo Dieter (pronuncia-se Ditâr), que lhe informa que mesmo morando em Berlim ele não conhece o verdadeiro alemão, ou o seu caráter. A busca de identidade das gentes do país é desenhada com relevos fortes, humor e grande dose de caricatura. Vai o escritor para Munique em busca desse ser, mas, adianta Dieter, lá não encontrará nada. São bávaros, não-genuínos alemães.

Narrativa significativa da época em que o escritor vivia em Berlim. Os pobres berlinenses orientais começavam a desfilar pela rica parte ocidental, com seus *trabants* – carros de péssima qualidade, vendidos na Alemanha Oriental e, nos quais, às vezes, um comprador durava cerca de quatorze anos para obtê-lo. Depois da euforia da reunificação, desprezo e segregação.

Há nas suas crônicas um toque de calor baiano. Principalmente, na que narra um almoço apimentado oferecido aos seus hóspedes ou quando não entende o porquê dos alemães ouvirem leituras de escritores, o que motiva uma deliciosa narrativa.

Há também melancolia e memorialismo, embora fora do contexto berlinense. Ele escreve sobre a sua educação, seu pai e a biblioteca que tinham em casa, estopim psíquico para a sua vocação literária, nascida em Aracaju, capital de Sergipe, onde passou a infância.

Conta também as agruras de viajar na classe executiva, sempre apertada. (A viagem Rio-Berlim pode custar, na baixa temporada, U$ 1.200 e dura mais ou menos quatorze horas.)

Com este livro, João Ubaldo Ribeiro mostra que não é apenas um excelente romancista. É também um cronista de mão cheia.

ERRAMOS: Na edição tal, onde se lê que João Ubaldo tem 2 filhos, leia-se 3. A primeira edição de *Viva o povo brasileiro* é de 1984, e não de 1985, como consta na resenha.

ERRAMOS: Na edição tal, onde se lê que João Ubaldo mora em Ipanema, leia-se Leblon, Zona Sul do Rio de Janeiro.

ERRAMOS: Na edição tal, onde se lê que o escritor baiano João Ubaldo Ribeiro tem 3 filhos, leia-se 4. Dois são com a sua atual mulher, Berenice.

ERRAMOS: Na edição tal, o escritor paulista Inácio Loyola de Brandão foi chamado de Santo Inácio Loyola de Brandão. Santo Inácio de Loyola (1491-1556) foi espanhol e fundou a Companhia de Jesus.

"Fiz um romance, meu Deus! Um modesto romance [*O sorriso do lagarto*]. E por que ele é tratado como uma novela das oito, ao passo que qualquer escritor estrangeiro merece uma análise transcendental? O velho Pedro Nava tinha uma frase verdadeira sobre o comportamento cultural no Brasil: 'O sentimento mais comum do ser humano é a má vontade.' Aliás, veja o que fizeram com o Tom Jobim."

*João Ubaldo Ribeiro em entrevista a Carlos Maranhão,
revista* Playboy, *1991*

DEPOIMENTO

Geraldo Carneiro

Na casa do poeta, amigo do romancista, tomam-se notas e fala-se de James Joyce, Guimarães Rosa, Damon Ryder, Jorge Amado, adaptações para TV e *strip-teases* sentimentais e literários.

No início, eu conhecia muito ligeiramente o João, porque tínhamos amigos em comum. Meu amigo Bráulio Pedroso me falava muito dele. E, como escritor, naturalmente eu já o conhecia. O primeiro livro que li, *Sargento Getúlio*, achei muito bom. Depois, li *Viva o povo brasileiro*, que achei extraordinário também. Só bem mais tarde é que vim conhecê-lo pessoalmente. Tínhamos tudo para sermos inimigos, porque o nosso primeiro encontro profissional foi de certa maneira um confronto. Eu fora encarregado por uma produtora independente de fazer uma adaptação de *O sorriso do lagarto*. Essa adaptação tinha uma série de regras preconcebidas para a exibição na TV, que implicava violentar algumas premissas do personagem central, João Pedroso. João, que era a minha primeira grande experiência em ser adaptado, estava na época morando na Alemanha e, prevenido, por Jorge

Amado, um dos grandes amigos dele, disse: "Olha, você não se meta com esse negócio de adaptação. Não leia, não. Não tome conhecimento, porque isso aborrece muita gente. Não convém." O João então deu uma entrevista para *O Globo,* na Bahia, instalado nessa plataforma sugerida pelo Jorge Amado, de neutralidade e superioridade.

Quando disseram a ele que no primeiro capítulo tinha uma personagem chamada Maria das Mercês, que morria assassinada, ele disse: "Maria da Mercês é minha prima, como é que mataram minha prima Mercezinha?" Desde daí, se instalou uma espécie de confronto pela imprensa, que visava criar entre nós uma espécie de litígio. Mas, com muita delicadeza, conseguimos neutralizar esses confrontos. Delicadamente, conseguimos não brigar, embora tenhamos trocados delicadíssimas farpas através dos jornais.

É a versão oficial. A oficiosa é mais engraçada, porque os companheiros de bar do João Ubaldo, que eram Tom Jobim, José Lewgoy e o Antonio Pedro, tinham uma verdadeira paixão pela adaptação de *O sorrriso do lagarto,* na versão televisiva. Tom, então, era viciado. Chegava a desmarcar *show,* para sair correndo assistir à série. Se havia um espetáculo que pagasse bem, ele aceitava ir, mas exigia, depois, o *tape.* O João Ubaldo, é claro, não gostava da versão, por vários motivos. Porque nada tinha a ver com o que imaginara. Eu próprio também faria restrições, ainda mais quando se escreve. A literatura é sempre materializar figuras que você imagina. Tem sempre algum elemento insatisfatório em uma adaptação, quando um ator, por exemplo, não entra com a embocadura direito.

Teve outras coisas engraçadas. O ator Stepan Nercessiam encontrou o João em algum lugar e disse que estava adorando fazer o papel de Chico Bagre. Aí, o João disse que o personagem não existia no romance, que era coisa do Geraldinho Carneiro. O fato é que, apesar de expostos a essa confrontação das mídias, saímos ilesos da história e nos tornamos amigos. Por assim dizer, ficamos íntimos um pouco à revelia.

Começamos a ter relações mais cordiais, e pouco tempo depois a TV Globo me encomendou uns especiais para o programa "Terça Nobre". O primeiro autor vivo que eu imaginei foi o João Ubaldo. Fizemos juntos *O santo que não acreditava em Deus* e mais três ou quatro especiais. O João tem horror em escrever roteiros. Quero dizer, que comigo não é que ele tenha passado a gostar, mas tolerou bem a experiência, foi prazerosa, divertida. De qualquer jeito, fomos ficando mais amigos e hoje ele é um amigo queridíssimo, uma pessoa que hoje eu me abro mais, confesso minhas coisas, temos uma liberdade absoluta. Até nos gabamos muito sobre o fato de termos conquistado esse grau de intimidade numa idade em que as pessoas não têm mais disposição para o *strip-tease* sentimental, dos afetos.

O João é uma pessoa encantadora por diversos motivos. Afora suas virtudes mais visíveis como a inteligência espantosa, ele tem um tipo de erudição incomparável, completamente lelé, original, porque ele conhece várias coisas. Sabe ciência, biologia, coisas muito estranhas, fragmentárias. Ele conhece muitas coisas improváveis. É uma erudição que ele usa temperada com humor. O João tem alguns conhecimentos do cotidiano, quase circenses. Ele sabe sistemas mnemônicos maravilhosos, com duas ou três línguas secretas que cultiva. É um *entertaiment* com erudição e consistência implausível. Se você escrever um personagem semelhante a ele, vão dizer que você está escrevendo uma ficção delirante, um exercício de ficção antropológica inteiramente descabido.

Ele odeia Guimarães Rosa. Aliás, não deveria estar dizendo isso, porque ele não gosta que misture sua literatura com a de Rosa. Até compreendo porque não gosta. Cheguei à conclusão de que o João Ubaldo tem do romancista inaugural convicções que o Guimarães Rosa não tinha. Uma das convicções é a de que o romance é a expressão orgânica de um indivíduo. Tem uma definição do crítico húngaro Georg Lukács que é muito curiosa. Ele dizia que o romance é o conflito entre a objetividade estruturante e a subjetividade do narrado. Todo romancista de verdade tem essa paixão por contar uma trajetória de um determinado personagem, exposto a uma série de acontecimentos. Acho que o João Ubaldo tem essa paixão de romancista, que não se encontra em Rosa. Conheço vários romancistas que têm pavor de Guimarães Rosa. Acho que ele agrada mais aos poetas – ou aqueles que escrevem narrativas monofônicas.

O João Ubaldo é uma pessoa de alma tão modesta que o livro de contos dele, para mim, uma obra-prima, só comparável a *Tutaméia,* de Rosa, ele diz que o espírito do livro foi roubado de um escritor norte-americano Damon Ryder, que inventou praticamente o ganguesterismo na literatura americana. Roubou coisa nenhuma, pois ele inventou uma maneira de recriar o anedotário e o espírito de Itaparica. A obra dele não é um exercício naturalista de reprodução pura e simples da linguagem. Ela é uma invenção, uma invenção radical, com uma sintaxe própria, uma oralidade reinventada através das palavras, uma falsa oralidade. É muito curioso que os dois maiores escritores brasileiros deste século, os dois Joões, o Ubaldo e o Rosa, tenham de certa maneira inventado a oralidade.

Uma irlandesa me disse que eles lêem *Ulisses,* de James Joyce, sem maiores problemas. Assim como os mineiros lêem Guimarães Rosa sem grandes dificuldades. Minha mãe, que nasceu em Minas, lia Rosa como se lesse *Meu pé de laranja lima,* sem grandes problemas técnicos. Mas ele é um caso diferente. Porque às vezes, para mim, Joyce é mais fácil de ler que o João Ubaldo. Ele tem é uma maldição, uma perdição que é ser o herdeiro literário da Bahia. Isso faz com que muita gente o confunda uma espécie de sucessor de Jorge Amado. Mas o Jorge, que é um escritor respeitabílissimo, é um contador de histórias e o João Ubaldo, um inventor de linguagens. São ofícios muito semelhantes, mas que têm diferenças notáveis de estilo. Em certo sentido, o João é o herdeiro da Bahia, da tradição oral da Bahia. Herdou aquele espírito beira-mar que tantos, por equívoco, confundem com uma espécie de "causos", que vem sendo, amavelmente, contados por escritores como Jorge Amado. Esse estilo de "causos" foram fixados por Jorge Amado, mas o João pertence a outra família literária, mais ambiciosa, mais voltada para os jogos específicos da palavra. Se ele tomar conhecimento desse depoimento, vai tomar horror por mim. Mas, talvez, o único antecessor de João Ubaldo, o único artista que se pode comparar com ele na literatura, nesse cruzamento de popular com elaboração erudita, fosse o próprio Guimarães Rosa. Ele odiará essa afirmação!

ESTILOS

"O Hermógenes, um homem existente encostado no senhor, calado curto, o pensamento dele assanha – feito um bezerro. Aquelas mortes, que eram para daí a pouco, já estavam na cabeça do Hermógenes. Eu não tinha nada com aquilo, próprio, eu não estava só obedecendo? Pois, não era? Ao que, ao meu primeiro fogo tocaeiro. Danado desuso disso é o antes – tanto antes, ror. O senhor acha que é natural? Osgas, que a gente tem de enxotar da idéia: eu parava ali para matar os outros – e não era pecado? Não era, não era, eu resumi: Osgas... Cochilei, tenho; por descuido de querer. Dormi, mesmo? Eu não era o chefe. Joca Ramiro queria aquilo? E o Hermógenes, mandante perto, em sua capatazia. Dito por uns: no céu, coisa como uma careta preta? É erro. Não, nada, ôi. Nada. Eu ia matar gente humana. Dali a pouco, o madrugar clareava, eu tinha de ver o dia vindo. Como era o Hermógenes? Como vou dizer ao senhor...? Bem, em bró de fantasia: ele grosso misturado – dum cavalo e duma jibóia... Ou um cachorro grande. Eu tinha de obedecer a ele, fazer o que mandasse. Mandava matar. Meu querer não correspondia ali, por conta nenhuma. Eu nem conhecia aqueles inimigos, tinha raiva nenhuma deles."

João Guimarães Rosa, Grande sertão: veredas, *1956*

"Cortou a cabeça do tenente e sacudiu na ponta da corda. Pereré-pereré. Isso não é a lei da selva. Bonito. O senhor, sargento, fez uma porção de coisas. Pereré-pereré. Estou escutando, parece minha mãe falando, quando ela falava. Fiz a minha obrigação, não é por ser tenente que me chama de corno, demais era ele ou eu. Demais, não foi eu que cortou a cabeça, foi um cabra. Que cabra? Ah, esse eu não me lembro, tinha bastante poeira, estava numa dificuldade para enxergar até os pés da gente mesmo. Eu nunca andei matando ninguém assim, foi um cabra safado, onde já se viu cortar a cabeça dum tenente numa Sexta-feira, não fica bem. Hum. Tenho que passar os olhos no calado, que pode estar se mexendo, mas botar as duas mãos em cima da mesa e é melhor. O doido se levantou: sargento, olhe sargento. O problema é que foi um engano, sargento, um engano que foi mandar o senhor buscar o homem em Paulo Afonso, agora temos complicação. Quem disse isso, foi o chefe? Foi o chefe que disse, não tem mais cobertura, a coisa mudou. Foi o chefe que mandou o recado? Foi, foi."

João Ubaldo Ribeiro, Sargento Getúlio, *1971*

Vestibulinho

**PARA PROFESSORES E ALUNOS DO
SEGUNDO GRAU (PARA APOIO)**

OBRA: SARGENTO GETÚLIO
AUTOR: JOÃO UBALDO RIBEIRO

Conheça um pouco mais o autor, criador da instigante história que você acabou (ou, um dia, terá vontade) de ler. Ou irá ler porque pode cair no vestibular.

Quem é João Ubaldo Ribeiro

Filho de um importante jurista baiano, que também trabalhou em Aracaju, dr. Manoel Ribeiro, o escritor João Ubaldo Ribeiro nasceu na ilha de Itaparica, Bahia, em 23 de janeiro de 1941. É bacharel em Direito, e como jornalista trabalhou no *Jornal da Bahia* e na *Tribuna da Bahia*. Deu aulas na Universidade Federal da Bahia e tem mestrado em Ciências Políticas nos Estados Unidos. Em Salvador, pertenceu ao grupo que, nos anos 60, agitou culturalmente a cidade, formado por Glauber Rocha, Caetano Veloso, Maria Bethania, Gilberto Gil, Luis Carlos Maciel, o compositor Kollreuter e a arquiteta Lina Bo Bardi. Atualmente, é colunista de *O Globo* e o *Estado de S. Paulo*.

Publicou seu primeiro romance, *Setembro não tem sentido* em 1968. Depois, vieram *Sargento Getúlio* (1971), que obteve excelente recepção crítica, *Vence Cavalo* (1974), *Outro povo* (1974), *Vila Real* (1979), *Viva o povo brasileiro* (1984), sucesso de público e de crítica, *O sorriso do lagarto* (1989), *O feitiço da ilha do Pavão* (1997). Além de livros de crônicas, alguns de seus contos estão reunidos em *Já podeis da pátria filhos* (1981), além de *Vida e paixão de Pandonar, o Cruel,* narrativa para o público infantil. Em 1994, entrou para a Academia Brasileira de Letras, na cadeira número 34, ocupada, anteriormente, pelo jornalista Carlos Castello Branco.

Seus livros já foram traduzidos em dezenas de países como os Estados Unidos, Alemanha, União Soviética, Suécia, vendendo mais de 500 mil exemplares, permitindo-lhe – algo raro no Brasil – viver de literatura. Com excepcional domínio da língua inglesa, conta em sua carreira com uma proeza invejável: foi ele mesmo que traduziu para o inglês os romances *Sargento Getúlio* e *Viva o povo brasileiro.*

Além da paixão pela literatura, João Ubaldo Ribeiro é amante do futebol, acompanhando como cronista várias Copas do Mundo. No Rio, torce pelo Clube de Regatas Vasco da Gama e na Bahia, pelo Vitória. Uma de suas obras, *Sargento Getúlio,* foi adaptada para o cinema por Hermano Penna em 1983 e *O sorriso do largato* adaptado para a TV, pelo poeta Geraldo Carneiro. Já morou nos Estados Unidos, Portugal e Alemanha e transformou Itaparica numa geografia literária. Sua paixão, entretanto, é sempre escrever. "É, para mim, uma compulsão tão grande, que se não ceder a ela, não preservo a minha sanidade", diz o escritor.

Estilo literário do autor

Seja na crônica, romance ou contos, o estilo de João Ubaldo Ribeiro é inconfundível. Como cronista, é peculiar. Embora possa falar sobre os negócios do mundo – assunto dos melhores autores brasileiros do gênero –, o escritor, além de escrever sobre conversas de botequim, pessoas populares, um tema do momento, política e amigos, também se põe como personagem, de maneira indulgente, jovial, sofredora, auto-irônica e autocrítica.

Como romancista e contista, explora as histórias e o linguajar do Recôncavo Baiano. Se por um lado o autor segue a tradição do grande romance nordestino dos anos 40, por outro rompe-o de forma radical, situando novas paisagens, enredos e personagens. Finalmente, seus textos, pelo malabarismo formal e técnico, pela linguagem oral e o enredo, seduzem o leitor à primeira leitura.

Sargento Getúlio confirma todas essas qualidades do autor. Narrado em primeira pessoa, a história consegue enredar o leitor de forma que ele não consegue perceber que destino final terá o personagem. Usando um vocabulário oral, extraído da região de Sergipe, inventando palavras e tecendo armadilhas formais para o leitor, é com suspense que se chega às últimas páginas. Que destino terá o sargento? Ele é mau porque é sua natureza ou são as condições sociais que o levam a uma vida marginal? No fundo, trata-se de uma aventura no interior da alma humana, na alma de um brasileiro pobre vivendo uma etapa histórica que ele não compreende direito.

João Ubaldo Ribeiro possui uma grande inventividade de imaginação, podendo criar enredos onde entram cenas fantásticas, realistas, hiper-realistas e históricas. É o que acontece em suas outras narrativas como *Viva o povo brasileiro, O sorriso do lagarto* e *O feitiço da ilha do Pavão*. Autor de uma linguagem saborosa, o escritor mostra-se um rebelde contra as desgraças que povoam o país, o que acarreta indignação também para quem está lendo. Mas o escritor alimenta sempre esperanças por dias melhores. Assim, cada vez mais a prosa de João Ubaldo Ribeiro tem cativado um número maior de leitores, tanto no Brasil quanto no exterior.

Na abertura de *Sargento Getúlio* está escrito: "Nesta história, o Sargento Getúlio leva um preso de Paula Afonso a Barra dos Coqueiros. É uma história do aretê." Marque com um X o significado que o autor quer dar a palavra "aretê".

( ) Neologismo, criado pelo romancista, para significar arretado.
( ) Linguagem popular do sertão de Sergipe, que significa viagem.
( ) Na *Odisséia*, de Homero, mulher de Alcínoos, rei dos feácios.
( ) Na *Paidéia*, de Werner Jaeger, expressão que significa virtude, sem qualquer conteúdo moralista.
( ) Nenhuma das opções acima apresentadas.

Depois de degolar um tenente, Getúlio percebe sinais que algo está mudando em sua história. Marque com um X quais são esses sinais.

( ) O sargento recebe um telegrama do Distrito Federal mandando soltar o prisioneiro que ele está levando.
( ) O seu chefe morre numa emboscada.
( ) Discute com um mandante do seu chefe, que o obriga a abandonar sua missão devido a mudanças políticas.
( ) Fica fora de si ao ser chamado de corno pelo tenente.
( ) Sente que será impossível levar a cabo sua missão como deseja.
( ) Seu chefe é exonerado pelo governador de Sergipe.

No texto: "Cristiano Machado, o homem é Cristiano Machado. Brasileiro. Presidente é presidente. Udenista é udenista. Talvez possa ser melhor em vez de Quina Petróleo, Brilhantina Glostora, porque gosto mais do cheiro." Assinale com um X em que época se passa a narrativa.

( ) Em 1896, no começo da Guerra de Canudos.
( ) Em 1971, ano em que morre, no sertão da Bahia, o capitão Carlos Lamarca.
( ) Época em que é lançado o *slogan* publicitário "No cabelo, só Glostora", final dos anos 50.

( ) Depois do fim da ditadura de Getúlio Vargas, em 1945.
( ) A partir de 1949, com o lançamento da candidatura à presidência da República, pelo PSD, do deputado federal mineiro Cristiano Machado.
( ) Nos anos 50, quando o então ministro da Justiça, Cristiano Machado, assume interinamente à presidência da República, depois de fortes acusações contra Getúlio Vargas, escritas pelo jornalista Carlos Lacerda.

Seja você o autor

Depois de lido o romance, reescreva a história em poucas linhas, a partir do ponto de vista dos seguintes personagens:

1. Amaro
2. Luzinete
3. O prisioneiro

....
....
....
....
....
....

Documento

Aviso aos navegantes

Escritor que é convidado a feiras de livros, congressos, cursos, sessões de leitura de seus livros, João Ubaldo já chegou a um patamar em que pode fazer exigências. Traumatizado com o tempo pelas viagens aéreas, que considera desconfortáveis e mal instalado em hotéis, acabou escrevendo um texto em que procura aliviar-se desses problemas. Então, quem quiser convidar o escritor para qualquer evento deve seguir esses preceitos. Eis os pedidos do romancista:

"Caro amigo,

Este documento não foi escrito tendo em mente você ou sua organização. Ele é o resultado de minha vasta experiência em festivais internacionais, feiras de livros, *tours* de leituras, convites especiais e eventos semelhantes. O conteúdo dele não se refere, evidentemente, a você em especial e peço-lhe desculpas pela leve possibilidade de desapontá-lo, porque nada poderia estar mais distante de minha intenção do que isto. Este é um documento padrão, que decidi imprimir, após muitos excitantes desapontamentos e indescritíveis infortúnios. Por favor, faça um pequeno esforço em se colocar em meu lugar. Compreenda que é apenas uma constatação geral, e que após considerável relutância decidi escrever alguns tópicos padronizados para acordos de viagem, como estes. Se os tópicos não entram no seu caso, o que desejo de coração, ignore-os.

Mas se é seu caso, por favor, não os ignore. Cada uma das possibilidades discutidas vitimizaram a mim ou alguém em algum momento. Eu não teria me lembrado delas, caso não acontecessem como foi. Desculpe-me também, se a língua que eu esteja usando não devesse ser o inglês. Mas, ela é suficientemente universal para qualquer um entendê-la. Aqui está o que eu espero ser uma modesta lista de exigências, que considero indispensáveis.

1. Estou habituado a utilizar o banheiro normalmente e insisto que o quarto do hotel, em que esteja hospedado, não seja dividido com mais ninguém (exceto com minha mulher, se for o caso) e que tenha um banheiro dentro dos aposentos, compreendendo ao menos uma privada e um chuveiro, com água quente e fria, misturáveis. Peço, também, que o banheiro seja privativo, tenha uma porta trancável e esteja localizado de maneira que meus hábitos sanitários não possam ser observados. Não desejo ficar na casa de ninguém, de jeito nenhum, exceto em caso de enchentes, terremotos e calamidades semelhantes.

2. Não estou habituado a viver em florestas ou desertos, portanto, solicito que o hotel esteja localizado dentro dos limites urbanos aceitáveis, sem que precise alugar um carro ou um helicóptero para comprar um alka-seltzer ou uma edição da *Time*.

3. Não irei pegar os tíquetes de passagem do meu vôo no aeroporto, nem em dias e horas antes de embarcar. Só

viajarei se as passagens e os tíquetes chegarem com uma razoável antecedência, com todos os detalhes previstos. No entanto, estou disposto a passar por todas as humilhações necessárias para obtê-las no escritório da companhia aérea.

4. Não serei obrigado a comer em cafeterias constantemente ou estabelecimentos, em especial, aqueles que se exigem hipocritamente democráticos a mostra de tíquetes, crachás e outros documentos humilhantes.

5. Não viajarei na classe econômica, classe turística ou qualquer outro nome dado hoje em dia pelas companhias aéreas, no lugar que elas cismam reservar a ralé. Se a primeira classe não for possível, a executiva (Segunda) é perfeitamente aceitável e sofrível.

6. Prefiro viajar na companhia da minha mulher e só não farei caso ela não possa me acompanhar. Se, portanto, eu solicitar e me for negado, não viajarei.

7. Solicito que alguém da organização do evento apanhe-me na chegada.

8. Solicito uma programação detalhada das atividades que eu serei obrigado a cumprir e comparecer.

Muito obrigado"

João Ubaldo Ribeiro

PSEUDOFINAL

Obra em progresso

Este livro não tem final. Até porque a obra de João Ubaldo Ribeiro não está encerrada. Não sabemos as possíveis surpresas que ele nos prepara para o futuro. Continua ainda, todos os domingos, escrevendo suas crônicas, o que sempre dá um acréscimo em sua biografia. Em novembro, retornou, por um dias, para Salvador, passando uma curta temporada na casa da irmã. E, com graça, teve lá o seu profundo problema hamletiano: caía ou não na piscina? Humor, alegria, João Ubaldo ainda nos prepara muitas histórias.

Então, este livro nem começa, nem acaba. Por isso, está escrito assim, cheio de defeitos, e alguns erros remediáveis. Porque tudo continua. E o sedutor, com suas sapatilhas, voltará ao Rio, ao seu território do Leblon, Don Juan do estilo, a nos seduzir mais e mais.

Como o livro não acaba, vai-se para a última página, com o espírito aberto, de que as vidas sempre recomeçam, portanto,

*E assim se vai a vida, os belos cabelos da vida,
os longos cabelos da vida*

"Juventude – a jusante maré estraga tudo"

Mário Faustino

"A gota serena é assim, não é fixe"

João Ubaldo Ribeiro, início de Sargento Getúlio, *1971*

Bibliografia

Livros

ALENCAR, José de. *Iracema*. São Paulo: Editora Três, 1973.

ALMEIDA, José Américo de. *A bagaceira*. Rio de Janeiro: Livraria José Olympio Editora, 1980.

AZIMOV, Isaac. *Cronologia das ciências e das descobertas*. Rio de Janeiro: Civilização Brasileira, 1993.

CALDEIRA, Jorge. *Mauá – Empresário do Império*. São Paulo: Companhia das Letras, 1995.

CHATELET, F.; DUHAWEL, O. e PISIER, E. *Dicionários das obras políticas*. Rio de Janeiro: Civilização Brasileira, 1991.

CUNHA, Euclides da. *Os sertões*. São Paulo: Editora Três, 1973.

HEIDEGGER, Martin. *Kant et le probleme de la métaphysique*. Paris: Gallimard, 1953.

HOUAISS, Antonio. *Enciclopédia Delta*. Rio de Janeiro: O Globo, 1998.

LOBATO, Monteiro. *As aventuras de Hans Staden*. São Paulo: Editora Brasiliense, 1957.

O'HARA, Georgina. *Enciclopédia da moda*. São Paulo: Companhia das Letras, 1992.

RIBEIRO, João Ubaldo. *Já podeis da pátria filhos e outras histórias*. Rio de Janeiro: Nova Fronteira, 1981.

_____. *O feitiço da ilha do Pavão*. Rio de Janeiro: Nova Fronteira, 1997.

_____. *O sorriso do lagarto*. Rio de Janeiro: Nova Fronteira, 1989.

_____. *Sargento Getúlio*. Rio de Janeiro: Nova Fronteira e Distribuidora Record de Serviços de Imprensa S.A., 1971 e 1982.

_____. *Um brasileiro em Berlim*. Rio de Janeiro: Nova Fronteira, 1993.

_____. *Um caso de populismo literário*. Salvador: Revista da Academia de Letras da Bahia, n. 42, 1996.

_____. *Viva o povo brasileiro*. Rio de Janeiro: Nova Fronteira, 1984.

ROSA, João Guimarães. *Grande sertão: veredas*. Rio de Janeiro: José Olympio Editora, 1979.

Jornais e periódicos

Diário de Notícias
Estado de S. Paulo
Folha de S. Paulo
Jornal do Commércio
Jornal do Brasil
O Globo
Revista Playboy
Revista Veja
Rio Artes

Depoimentos

Eduardo Portella
Geraldo carneiro
João Ubaldo Ribeiro
Luís Carlos Maciel
Paulo Casé

Cinema

Sargento Getúlio, de Hermano Penna.

O autor

Wilson Coutinho, carioca, foi jornalista e crítico de arte. Mestre em Filosofia pela Universidade Católica de Louvain, Bélgica, trabalhou nos jornais *Opinião*, *Jornal do Brasil*, onde editou o Caderno Idéias, *O Globo*, onde foi crítico de arte, *Folha de São Paulo* e *Tribuna de Imprensa* e nas revistas *Veja* e *Arte Hoje*. Foi curador e diretor do Museu de Arte Moderna do Rio de Janeiro e, em 1969, ganhou o Concurso Esso de Literatura, com contos. Realizou o curta-metragem Cildo Meireles que venceu o Festival de Curta-Metragem do JB. Foi o idealizador e primeiro organizador das coleções Perfis do Rio, Arenas do Rio e Cantos do Rio, da Secretaria Municipal das Culturas, e editor do jornal *Rio Artes*. Nos deixou em 2003.

Este livro foi impresso na cidade do Rio de Janeiro
em junho de 2005, pela Ediouro Gráfica.

Impresso sobre papel Chamois
Fine Dunas 75g no miolo.